「特別支援外国語活動」の
すすめ方

伊藤 嘉一・小林 省三　編著

図書文化

はじめに

　平成23年度から，すべての小学校において，必修として外国語活動が始まります。必然的に，外国語活動は特別支援を必要とする児童にも行われます。しかし，現状では「特別支援を必要とする児童のための外国語活動」（以下，「特別支援外国語活動」とする）を行っている学校はまだ少なく，その方法も多くは試行錯誤的です。

　そのような状況の中で，東京都の江戸川区立二之江小学校は，1年生から6年生まで体系的に特別支援外国語活動を行っている貴重なパイロット校です。特別支援クラスである「わかくさ学級」の英語活動を見て，感銘を受けました。いろいろな障害をもつ子どもたちが30人近くいるにもかかわらず，児童一人一人が生き生きと自発的に英語で発話していたからです。

　そこで私どもは，当校と共同研究を行い，その成果を踏まえて，本書を発行することになりました。それまでにも多くの学校の先生から，特別支援を必要とする子どもたちにどのように外国語活動を行ったらよいかという相談を受けてきました。そこで，私ども星槎大学では，特別支援外国語活動のためのカリキュラム，教材，指導法を開発することを目的として研究してきました。本書は，それらの成果を踏まえたものです。第1部（理論編）は伊藤嘉一が，第2部（実践編）は小林省三が中心になって編集を行い，全体的には伊藤が企画・監修しました。

　今回，本書は図書文化社の協力を得て発行できることになりました。発行を快く引き受けてくれた出版社と，終始お世話いただいた編集者の渡辺佐恵氏に深く感謝します。

　本書は，この分野では初めての試みです。特別支援外国語活動にかかわる先生方に，少なからず役立てていただけることと確信しています。

　　平成22年9月30日

星槎大学教授
伊　藤　嘉　一

「特別支援外国語活動」のすすめ方 ———— 目次

第1部　理論編

P.8
第1章　外国語活動の基本
1．外国語活動とは？
2．外国語活動の目標
3．外国語活動の指導内容
4．小学生に必要なコミュニケーション
5．外国語活動の指導法

P.18
第2章　特別支援外国語活動の基本
1．特別支援外国語活動の特徴
2．障害の種類と特徴
3．特別支援外国語活動のカリキュラム
4．特別支援外国語活動の教材
5．特別支援外国語活動の指導法

P.28
第3章　特別支援外国語活動のカリキュラム
1．カリキュラム作成の留意点
2．カリキュラムの作成
3．カリキュラムと教材
4．カリキュラムと指導案

P.38
第4章　特別支援外国語活動で扱う指導内容
1．小学校における特別支援外国語活動
2．ベーシックな外国語活動の指導内容
3．モデルを模倣することが学習の中心になる指導内容
4．積極的に外国語活動を促すための指導内容
5．おわりに

P.44
第5章　特別支援外国語活動に適した指導法
1．特別支援外国語活動で役立つ指導法の基礎
2．指導法の実践
3．おわりに

P.60
第6章　特別支援外国語活動に役立つ教材・教具
1．教材の種類と特徴
2．特別支援外国語活動での教材選択の留意点
3．自主作成の教具
4．学習内容に合わせて使用できる絵や歌・チャンツ

P.76

第7章　特別支援外国語活動の活動モデル
あいさつをしよう
身近な飲み物・お菓子(1)(2)
数字で遊ぼう(1)(2)
いろいろな色
絵本を楽しもう(1)(2)
くだものいっぱい

第2部　実践編

P.96

第1章　特別支援学級における外国語活動の実際
1．わかくさ学級における外国語活動のねらい
2．特別支援外国語活動ではぐくむ資質・能力
3．特別支援外国語活動の成果
4．わかくさ学級での指導の実際
5．外国語活動の評価について

P.102

第2章　子どものニーズに応じた指導法
1．個別のニーズに応じた支援
2．授業の展開について
3．中学校英語との連携

P.106

第3章　わかくさ学級での実践例
1．年間指導計画
2．活動案　友達になろう
　　　　　買い物遊びをしよう
　　　　　○○をかして
3．使用した教材教具

P.142

第4章　特別支援外国語活動の留意点
1．特別支援学級と通常学級における違い
2．特別支援学級における指導上の留意点
3．カリキュラム作成上の留意点

用語解説　P.150

第 1 部

理論編

第1章
外国語活動の基本

　特別支援を必要とする児童の外国語活動，すなわち「特別支援外国語活動」を行うためには，まず外国語活動の基本をとらえておかなければなりません。そのうえで「特別支援外国語活動」を考えましょう。

1　外国語活動とは？

(1)「英語活動」と「外国語活動」の違い

　「英語活動」とは「総合的な学習の時間」で「国際理解教育の一環」として行われてきたものを指し，「外国語活動」とは平成23年度より「必修」として行われるものを指します。両者を比較すると「外国語活動」の特徴がよくわかります。
①**外国語活動では必修としてすべての小学校で英語を指導します。**
　英語活動は必ずしもすべての学校で行う必要はありませんでしたが，外国語活動は必ず行わなければなりません。
②**5年生，6年生で英語を指導します。**
　英語活動は原則として3年生から行ってもいいようになっていましたが，外国語活動は5年生と6年生で英語を指導します。特区として英語を指導している自治体や学校では，1年生から行っているところもあります。
③**英語を扱うことを原則とします。**
　英語活動は「総合的な学習の時間」の中で「国際理解教育の一環」として行われていたので英語以外の言語を指導することも可能でした。しかし外国語活動では英語を指導することが原則となります。
④**年間35時間指導します。**
　英語活動では明確に時数が定められておらず，1学期に1回，月に1回でもよかったのですが，外国語活動では年間35時間の指導が義務づけられています。週1時間分（45分）になりますが，1時間を2回（20分＋25分），または3回（15分×3回）に分けて指導することも可能です。

⑤学級担任または授業担当の日本人教師が主体となります。

英語活動では外国人やボランティアに授業をすべて任せることも可能でしたが，外国語活動では担任または担任に代わって外国語活動を担当する日本人教師が授業や年間指導計画等の作成の主体者となります。

⑥授業で中心となる教材があります。

英語活動では特定の教材がなかったので指導が大変でしたが，外国語活動では『英語ノート』という教材がありますので，年間指導計画の作成や授業の実施が容易になりました。ただし低学年や中学年から英語を指導しているところでは，5，6年を対象にした『英語ノート』では対応しきれないので，別の教材が必要になるかもしれません。

(2)外国語活動の特徴

①音声の扱いを中心とします。

中学校の英語では音声と文字を使って四技能（聞くこと，話すこと，読むこと，書くこと）を同時に指導しますが，小学校の外国語活動では音声を中心とし，音声技能（聞くこと・話すこと）を指導します。

②他教科と関連して指導します。

小学校の特徴は学級担任制，一人の担任教師が多くの教科を指導することです。自分の専門科目しか教えない中学校や高校の教師と大きく違うところです。したがって小学校での特徴を生かし，英語を他教科と関連させて指導すると効果的になります。例えば，国語のローマ字に関連させてアルファベットを指導したりすることです。

③体験活動を中心として指導します。

これまで日本人に英語が身につかなかったのは文法や訳読など理論的に指導してきたせいだと反省がもたれています。そこで小学校ではすべて具体的な体験活動を通じて英語を指導します。

④教師による評価が必要です。

英語活動では特には評価は求められませんでした。それは英語嫌いをつくらないようにするという配慮があったからです。外国語活動でもこの精神は同じですが，必修として全国的に行う以上，何らかの評価は必要です。児童による「振り返り」評価だけではなく，教師による「児童の活動」評価が必要です。

(3)外国語活動での配慮事項

①弾力的指導ができるよう2年間目標で。

本来，学習目標は各学年ごとにきっちり定めるのが鉄則ですが，外国語活動では5年，6年の2学年で柔軟に学習項目を指導できるよう配慮されています。例えば，『英語ノート』(1)の内容を必ず5年で指導しなければならないというものではありません。(1)，(2)

②目標は児童や地域の実態に応じて。

　同じ内容を全国共通に指導するに当たっても，各地域で事情は異なるし，児童の実態も同じではありません。したがって，それらに配慮して学習目標を立てるのが最も現実的でやりやすいと考えられるからです。

③指導内容が必要以上に細部にわたらないように。

　これは児童の学習負担を考慮しての考え方です。例えば，児童は動物が好きだからと動物の名前をできるだけたくさん教えようとすると，かれらには学習負担が大きくなります。また，『英語ノート』に「世界のこんにちは」があるからと，世界中の「こんにちは」を教えたら，児童は消化不良を起こすでしょう。「やりすぎないこと」や「細部にわたりすぎないこと」を示唆しています。

④パターンプラクティスや対話の暗唱などの表現習得に偏重しない。

　パターンプラクティスは中学校で長く使われてきた文型練習です。例えば，文の一部の単語を次々に置き換えて文型の練習をすることです。このような文型練習や対話の暗唱など言語形式の練習はコミュニケーション活動を標榜する小学校ではなじみません。

⑤「道徳の時間」にも配慮して指導する。

　今回の学習指導要領の改訂では，道徳を一つの要(かなめ)として全教科の中に位置づけています。外国語活動にかかわることとしては，「外国人を差別しない」，「だれとでもコミュニケーションする」，「すべての人に優しくする」などがあげられます。

2　外国語活動の目標

(1)学習指導要領の目標

　小学校学習指導要領には，次のように示されています。

> 外国語を通じて，言語や文化について体験的に理解を深め，積極的にコミュニケーションを図ろうとする態度の育成を図り，外国語の音声や基本的な表現に慣れ親しませながら，コミュニケーション能力の素地を養う。

(2)目標の3つの柱

①言語や文化の体験的理解

　体験的活動を通して，英語だけでなく，国語やいろいろな外国語に関心をもたせ，母語（日本語）と外国語の違いに気づかせ，コミュニケーションの手段としての言語の必要性に気づかせます。また各言語の背景にはいろいろな文化のあることに気づかせ，母

文化との違いや類似性に気づかせ，母文化，異文化への理解を深めます。
②コミュニケーションへの積極的態度の育成
　コミュニケーション能力を身につけるためには，自ら積極的にコミュニケーションを図ることが不可欠です。この目標は従来の中学校英語にあったものですが，小学校が英語の入門期になるため，小学校にも取り込まれました。小学校では目標に「コミュニケーション能力の素地を養う」とあるように，中学校への基礎を養うことが目標であり，高度なコミュニケーション能力は期待されていません。
③音声や表現への慣れ・親しみ
　小学校では音声を中心にしますが，これは「聞くことができること」や「話すことができること」，いわゆる音声技能の習得をめざしたものではありません。むしろそれにいたる過程の学習，「英語の音声や基本的な表現になれ親しませること」が目標です。

(3) コミュニケーション活動

　学習指導要領ではコミュニケーション活動を強調しています。それを支えるのは次の3つの側面です。
①コミュニケーションへの積極的態度
　積極的態度とは具体的には次のような行動です。
- 積極的に教師やALT（外国語指導助手）等に英語で話しかける。
- 仲間とのスキットやロールプレイ，劇などに参加する。
- 教師やALT等の英語を積極的に聞く。

　教師は毎時間コミュニケーションの機会と場をつくり，児童にコミュニケーションを体験をさせることが大切です。できれば児童一人一人に毎時間1回以上，ALT等との直接コミュニケーションの機会を与えるとよいでしょう。
②コミュニケーションの体験的活動
　コミュニケーションとは「具体的場面での話し手と聞き手との意思の疎通」です。したがってあいさつ，買い物，道案内，質問の受け答え，などの具体的な場面を設定して，体験としての言語活動を行います。教師とALT等が対話のモデルとしてスキットを行うと，またはそのようなビデオを見せると，児童は活動しやすくなります。
③音声や基本的な表現
　音声や基本的表現はコミュニケーションを行うための素材となります。これらを知らないと言語コミュニケーションができないからです。特に音声は日本語とかなり違いがあるので正確な指導が必要です。表現は数が多いので，その場面でそれを知らないとどうしてもコミュニケーションができないような必要最小限のものを指導します。

(4)文化理解・国際交流活動

学習指導要領では言語や文化についての理解も強調しています。これらにかかわる側面は次の5つです。

①言語理解

「外国語活動」という名称が示すように,すべての外国語の基礎として英語を指導します。したがって英語と他の外国語の違いを示す必要があります。具体的には,英語以外の外国語でのあいさつや英語以外の外国語の文字などです。これらはたくさんありますので,主要なもの,身近にいる外国人のもの等で十分です。

②母語理解

外国語活動は言語教育の一環として行われますので,母語である日本語への理解も必要です。英語や他の外国語との比較において日本語の特徴がわかりますので,国語教育では得られないメリットがあります。外来語の活用もその一つの手段です。

③異文化理解

外国の文化を理解することですが,これには英語圏の文化だけでなく世界の文化も含まれています。ただし異文化は幅が広く,とてもすべての文化を扱うことはできませんので,教材にでてきたもの,身近にいる外国人の文化等で十分です。

④母文化理解

言語と同様,文化の面でも,外国の文化と比較すると母文化（日本の文化）がよく理解できます。したがって異文化の学習によって母文化の理解がいっそう深まることが期待されます。学習指導要領では日本の伝統文化も強調していますので,この面でも役立ちます。

⑤国際交流活動

異なる文化をもつ人々と交流体験すること,具体的には,ALTや留学生,地域にいる外国人等との交流を体験することです。外国人と直接交流が困難な地域や学校では,作品（児童の描いた絵画や吹き込んだ歌やメッセージのCD,児童の演じた英語劇や学校紹介のビデオ）の交換などでも国際交流活動はできます。

3　外国語活動の指導内容

(1)学習指導要領で求めている指導内容

外国語活動で何を指導するかは最も重要な課題です。学習指導要領(外国語活動)では,次のように指導内容を規定しています。

> 1 外国語を用いて積極的にコミュニケーションを図ることができるよう，次の事項について指導する。
> (1) 外国語を用いてコミュニケーションを図る楽しさを体験すること。
> (2) 積極的に外国語を聞いたり，話したりすること。
> (3) 言語を用いてコミュニケーションを図ることの大切さを知ること。
> 2 日本と外国の言語や文化について，体験的に理解を深めることができるよう，次の事項について指導する。
> (1) 外国語の音声やリズムなどに慣れ親しむとともに，日本語との違いを知り，言葉の面白さや豊かさに気付くこと。
> (2) 日本と外国との生活，習慣，行事などの違いを知り，多様なものの見方や考え方があることに気付くこと。
> (3) 異なる文化をもつ人々との交流等を体験し，文化等に対する理解を深めること。

上記の内容をまとめると，外国語活動の指導内容は以下の3点になります。
①コミュニケーションの指導
②音声・リズムや表現の指導
③母文化・異文化および国際交流の指導

(2)コミュニケーションの指導

　小学校では外国語活動の目標の中で「コミュニケーション能力の素地」という表現が使われています。これは「基礎の基礎」という意味です。中学校では「コミュニケーション能力の基礎」という言葉を使っていますので，その基礎を求めているということです。これはすべての外国人とコミュニケーションできる力ではなく，小学生なりに学習した範囲でコミュニケーションできる能力のことです。学習指導要領では下記の3つのコミュニケーションの体験活動を設定しています。

> (1) 外国語を用いてコミュニケーションを図る楽しさを体験すること。

　英語を使って先生や友達とコミュニケーションする楽しさを味わうことです。特にALTなど外国人と英語が通じたときの児童の喜びは格別に大きいものです。

> (2) 積極的に外国語を聞いたり，話したりすること。

　外国人や日本人に自分の知っている英語を使って積極的に話しかけたり，聞いたりすることです。この際，相手の顔を見て，笑顔で，大きな声で話しかけることが大切です。

> (3) 言語を用いてコミュニケーションを図ることの大切さを知ること。

　日本語では外国人とはコミュニケーションできないことを知り，英語を使うと世界中の人々とコミュニケーションできることを知ります。

(3)言語と文化の指導

言語や文化について体験的理解ができるように，学習指導要領では次の3つの指導内容を設定しています。

> (1) 外国語の音声やリズムなどに慣れ親しむとともに，日本語との違いを知り，言葉の面白さや豊かさに気付くこと。

英語は日本語と音声的に大きく違います。日本語では一語ずつ平板に発話しますが，英語では発音が違うだけでなく，抑揚や強弱があってリズムがあります。そこで英語特有の発音やリズムやイントネーションを体感させ，日本語との音声面での違いに気づかせます。"Thank you."が「サンキュー」では通じないことや，"Yokohama"は「ヨコハマ」ではなく，英語では「ヨコハーマ」と発音されることなどを通して，児童は日本語との音声の違いに気づきます。

> (2) 日本と外国との生活，習慣，行事などの違いを知り，多様なものの見方や考え方があることに気付くこと。

児童の身近な生活文化（遊び，食事，衣服，住まいなど）を通して具体的に母文化と異文化の違いを知ります。欧米人は浴槽で体を洗ったり，靴で部屋に上がったりすることを知って外国人と日本人の習慣の違いに気づきます。ハロウィンやクリスマス等を体験させると，お盆やお正月との違いを知るだけでなく，考え方や価値観の違いにも気づきます。

> (3) 異なる文化をもつ人々との交流等を体験し，文化等に対する理解を深めること。

ALTや留学生，地域の外国人との交流を通して体験的に文化の違いを理解します。外国人がいない地域では外国の学校の児童と作品（絵，ビデオメール，CD等）の交換も可能ですし，自分たちのことをEメールで発信してもらうことも可能です。

4 小学生に必要なコミュニケーション

学習指導要領ではコミュニケーション能力を重視しています。しかし英語の語彙や表現の乏しい小学生のコミュニケーション能力は限られています。それでは小学生はどの程度コミュニケーションできればよいのでしょうか。

(1)小学生のコミュニケーション能力

小学生に必要と思われるコミュニケーション能力を具体的にあげてみます。

①**英語であいさつできる。**

あいさつは人と人とのコミュニケーションの始まりであり，基本です。小学生なりの簡単なあいさつができることが求められます。

②**英語で簡単なことが話せる。**
　自分のこと，身近なこと，趣味や関心のあることを簡単な英語で話せると学習意欲が増進します。
③**簡単な英語が聞ける。**
　コミュニケーションで最も大切なことは聞くことです。日常の簡単な会話，物語，ALTや教師の指示等の英語が聞けるようになると英語学習が進展します。
④**簡単な英語の問いかけに英語で答えられる。**
　ALTや教師の英語での問いかけに英語で答えられることは対話能力を発展させるための基礎です。
⑤**外国人と対等に，そして積極的にコミュニケーションできる。**
　相手の顔を見て，堂々と積極的に話しかけられることは英語コミュニケーションの基本です。学習指導要領では，このことを強調しています。

(2)コミュニケーションの題材

　小学生に必要な具体的なコミュニケーションの題材は次のようなものです。これらはコミュニケーションの基本事項です。そして児童の習得にふさわしいものです。

①**簡単なあいさつ**
　一日のあいさつ，会う・別れのあいさつ，季節や祝いのあいさつ，歓迎・送別のあいさつ
②**簡単な紹介**
　自己紹介，友達紹介，家族紹介，学校の紹介，まちの紹介
③**数**
　1 ～ 100，1000
④**身近なものの名前**
　食べ物，動植物，文房具，色，身体
⑤**基本的な動作**
　立つ，座る，聞く，話す，見る，来る，行く
⑥**簡単な自己表現**
　好き・嫌い，欲しい，食べたい・飲みたい，したい
⑦**自分の感情や気持ち**
　気分がいい・悪い，うれしい・怒っている，満足・つまらない
⑧**簡単な質問と応答**
　はい・いいえ，質問，感謝，詫び，依頼，誘い
⑨**日常的なこと**
　曜日，月，季節，方角，天気，時間，気持ち

⑩**必要なこと**

買い物，電話，道案内，誕生日，趣味，病気，職業

5．外国語活動の指導法

外国語活動の指導法は中学校や高等学校とはかなり違います。それは発達段階の違いによるものです。小学校での指導法は次のような児童の特性に基づいています。

(1)児童の特性

①**音感やリズム感がすぐれています。**

児童は音感覚やリズム感覚が特に優れています。

②**五感が鋭敏です。**

児童は視覚，聴覚，触覚，味覚，嗅覚などが鋭敏です。

③**運動感覚がすぐれています。**

児童は行動的で運動感覚が優れています。

④**好奇心が旺盛です。**

児童は好奇心が旺盛で，未知のことに関心があります。

⑤**競争心があります。**

遊びが生活の大きなウエイトを占め，競争心が旺盛です。

⑥**児童の心は柔軟です。**

児童は心が柔軟で白紙のように吸収力があります。

(2)外国語活動の指導法

このような児童の特性から外国語活動を指導するために次のような指導法が一般に行われています。

①**歌やチャンツを活用する。**

英語はリズミカルな言語で音楽やチャンツなどを活用すると効果的です。

②**視聴覚教材を活用する。**

ネイティヴスピーカー（英語母語話者）の音声を提示したり，コミュニケーション場面を提示するためにCDやビデオは必需品です。

③**動作や全身活動を行う。**

動作や体全体を使って英語を学習すると右脳中枢と結びついて英語の定着がよくなります。

④**異文化理解を行う。**

異文化（外国の文化）を理解したり体験したりすることは，視野を世界に拡大し，好

奇心を刺激し，国際感覚を養成します。
⑤ゲームやクイズを活用する。
　児童は本能的な競争心をもっているので，ゲームやクイズのような競い合う方法で学習すると，知らないうちに英語が身についていきます。
⑥繰り返しを多用する。
　児童の心は柔軟で外国人や異言語（英語）に対して抵抗がありません。また白紙のように純粋無垢なので新しい知識や体験をどんどん吸収していきます。語学の学習には不可欠な反復学習をも厭いません。

（伊藤嘉一）

＜参考文献＞
伊藤嘉一『英語教授法のすべて』大修館，1984
伊藤嘉一『小学校英語学習レディゴー』ぎょうせい，2000
伊藤嘉一『小学校英語教育の基本』学校図書，2000
伊藤嘉一『小学校英語学習指導指針』小学館，2004
伊藤嘉一『小学校教師が外国語活動を行うための自己研修教材の開発』平成21年度財団法人「文教協会」委嘱研究，2010
伊藤嘉一　*ENGLISH for the World*（1～7），廣済堂あかつき，2011
伊藤嘉一「共生のための英語教育」星槎大学紀要『共生科学研究』No.5，2010
伊藤嘉一「『特別支援外国語教育』の構想」，星槎大学紀要『共生科学研究』No.6，2011
文部科学省『小学校学習指導要領』2009

第2章
特別支援外国語活動の基本

1　特別支援外国語活動の特徴

　本書で「特別支援外国語活動」と呼んでいるのは，特別支援を必要とする児童のための外国語活動のことです。実際には，そのようなものが存在するわけではありません。通常学級の児童の英語活動とは，カリキュラム，教材，指導法が多少違いますので，本書ではこのような名称をつけました。

(1)特別支援を必要とする児童の外国語活動

　特別支援学校のための学習指導要領では，特別支援を必要とする児童の外国語活動を以下のように配慮することとしています（第4章　外国語活動）。

> 1　児童の障害の状態等に応じて，指導内容を適切に精選するとともに，その重点の置き方等を工夫すること。
> 2　指導に当たっては，自立活動における指導との密接な関連を保ち，学習効果を一層高めるようにすること。

　その他は，小学校学習指導要領第4章に準ずることとしています。
　また，外国語活動について，以下のように言及しています（第1章総則第4の1）。

> （前略）外国語活動については，当該学年間を見通して，地域や学校及び児童の実態に応じ，その障害の状態や発達の段階を考慮しつつ，効果的，段階的に指導するようにすること。

　さらに「重複障害者等に関する教育課程の取り扱い」について，以下のように規定しています（第1章総則第5の1）。

> (1)各教科及び外国語活動の目標及び内容に関する事項の一部を取り扱わないことができること。

> (2)各教科の各学年の目標及び内容の全部又は一部を，当該学年の前各学年の目標及び内容の全部又は一部によって，替えることができること。(以下略)

これらの規定からは，他の教科と同様に，外国語活動においても，障害の程度に応じてかなり柔軟に対応できることが示唆されています。

(2)特別支援を必要とする児童のニーズ

学習指導要領では，特別支援を必要とする児童を次のように定めています。

①**特別支援学校**

視覚障害者，聴覚障害者，知的障害者，肢体不自由者又は病弱者

②**特別支援学級**

知的障害者，肢体不自由者，身体虚弱者，弱視者，難聴者等

③**通級**

LD（学習障害），ADHD（注意欠陥・多動性障害），高機能自閉症（アスペルガー）等 通級は週1～8回通級指導教室に通うことが認められています。

④**通常学級**

③の障害を持つ児童は通常学級での学習も可能です。

2　障害の種類と特徴

児童の障害には，上記のほかにも多様なものがあります。
ここでは，発達障害を中心に外国語活動とのかかわりをまとめてみます。

(1)LD（学習障害）

LD（Learning Disabilities）は，基本的には知的発達の遅れはありませんが，特定の能力に支障をきたすものです。例えば，読むこと，書くこと，計算することなどに困難をもちます。個人によって困難の種類や程度が異なるので個々に対する適切な支援が必要です。

①**聞くことが困難**……注意集中させ，同じ英語を繰り返し聞かせます。キーワードを与えたり，絵カードを示してヒントを与えたりするとよいです。

②**話すことが困難**……Yes, Noのような簡単な受け答えをさせたり，ジェスチャーで応答させたりします。時間をかけてゆっくり話させることが必要です。

③**書くことが困難**……小学校では英語を書くことは要求していません。アルファベットや自分の名前（英語）を書き写す練習を何度もするとよいです。

④**読むことが困難**……小学校では英語を読むこともさせません。ただし日常にある略語

(NHKやJRなど）は記号として覚えさせ，発音させるようにします。

(2) ADHD（注意欠陥・多動性障害）

ADHD（Attention Deficit / Hyperactivity Disorders）は，注意力が著しく欠けていたり，極端に動き回ったり，衝動的に行動したりする障害です。

①じっとしていられない……体全体を使う遊びを行います（Head, Shoulders, Knees and Toes♪やSeven Steps♪などで体を動かしながら歌いましょう）。
②おしゃべりをしてしまう……物語などのCDを聞かせたり，短い文や単語をリピートさせたり，英語の歌を歌わせたりします。
③あきてしまう……関心があって注意を集中できるものがよいです。外国のクリスマスやハロウィンなどの楽しいビデオを見せると落ち着きます。
④集中力を欠く……夢中になるような英語のゲームをさせて競わせたり，楽しいビデオを見せたりします。"Good job!" などとほめて，達成感を得させます。
⑤いらいらしたり，怒ったりする…… "Stop!"，"Time!" などと言って，落ち着かせます。欲求不満に陥れない注意が必要です。

(3) 高機能自閉症・アスペルガー症候群

高機能自閉症（High Functioning Autism）やアスペルガー症候群（Asperger Syndrome）は，知的な遅れはありませんが，他人とのコミュニケーションがうまくとれません。興味や関心の幅が狭く，特定のことにこだわります。

①先の見通しがもてず不安になる……最初に学習の全体像や順序を説明しておきます。
②聴覚より視覚が優位である……絵カードや写真，実物，ビデオなど視覚教材を活用します。
③変化が苦手である……繰り返しやパターン化した学習を行います。答えはYes, Noのような単純でパターン化したものを使います。
④他人とのコミュニケーションが苦手である……グループ単位で活動させます。グループ活動のなかで自分の役割や他人の役割を理解させるようにします。ロールプレイなどが役立ちます。
⑤意味を伝えることが苦手である……教師がモデルを示し，本人にリハーサルをさせてから行わせると安心します（スピーチなどの場合）。

3 特別支援外国語活動のカリキュラム

特別支援を必要とする児童へのカリキュラムでは，次のような基本原則が必要です。ただし，通級や通常学級での外国語活動の場合には，教材が通常の児童と一緒なので，

もし学習が困難と感じられたら、臨機応変に教材や指導法などをその児童用に変化させ、個人的支援をする必要があります。

(1)カリキュラムの基本原則

①学習項目を精選する。
児童の学習負担にならないよう学習項目は最小限にし、どうしても必要なもの、かれらの関心の高いものに限ります。

②できるだけ簡単な単語・表現を使う。
児童が聞いて理解しやすいもの、発話しやすいもの、短くて簡単なものを選びます。

③具体的で視覚化できるものを選ぶ。
実物や模型、絵カードなどで表示できるもの、ジェスチャーや動作などで表示できるもの、ビデオなど視覚的に意味を表示できるものを選びます。

④身近で日常に使えるものを選ぶ。
日常で活用できるもの、頻繁に使用できるものを選びます。

⑤できるだけ楽しい活動を選ぶ。
子どもたちが何度でも楽しく活動できるもの、簡単な歌や動作などを伴うものなどを選びます。

⑥ゆとりのあるカリキュラムを作成する。
年間指導計画は盛りだくさんではなくて、活動内容はゆとりあるものにします。また重要な単語や表現はスパイラルに何度も出てくるように配慮します。

⑦カリキュラムをパターン化する。
授業案は毎回同じパターンで作成します。そうすると児童は手順がわかり、安心して学習できます。授業中の突然の変更は児童を混乱させるので、できるだけ避けます。

(2)必要な学習項目

特別支援学級等の児童に必要な学習項目は、身近なコミュニケーションで最小限かれらに必要であり、学習が容易であり、興味・関心の高いものに限ります。

①会う・別れのあいさつ　②はい・いいえ　③自己紹介　④感謝　⑤詫び
⑥気持ち　⑦好き・嫌い　⑧欲しい・欲しくない　⑨数（1〜10）
⑩天気　⑪曜日　⑫誕生日　⑬色　⑭食べ物　⑮基本動作　⑯家族
⑰買い物　⑱質問・返事　⑲クリスマス　⑳ハロウィン

(3)適した活動

児童は右脳の活動が活発なので、右脳中枢と結びついた動作や作業、歌やリズム、ゲームやクイズなどを使った活動が適しています。それは次のような活動です。

①体験活動

　ロールプレイでコミュニケーションを体験したり，ハロウィンなどの行事を模擬体験したりします。

②タスク活動

　英語を聞いて色を塗ったり，クリスマスツリーを飾ったりする作業活動をします。

③動作活動

　ヘッドショルダーズやロンドンブリッジのように体を動かす活動をします。

④ゲーム活動

　サイモンセッズゲームやビンゴなど，簡単なゲームが適します。

⑤音楽・リズム活動

　あいさつや数，曜日を歌で覚えたり，単語や文をチャンツで発話したりします。

4　特別支援外国語活動の教材

　外国語活動の教材は，一般の学校では『英語ノート』（1, 2）が使用されるので，特別支援学級においても同じものが使用されます。ただし特別支援を必要とする児童にはかなりむずかしいので，児童たちに応じてアレンジして使用する必要があります。また，すでに教育特区として1年から6年まで英語を指導している地域の学校では独自の教材をもっているところが多いので，それをアレンジして使用します。

(1)教材の選択・活用上の配慮

　教材は児童の発達段階に合ったもので，単純で見やすく，使いやすいものが適しています。それを選択・活用するうえでは次のような配慮が必要です。

①児童の実態に合ったものを使用します。

　学年ではなく，発達段階に合ったレベルやニーズに適したもの，かれらの興味・関心に合ったものを使用します。

②文字が少なく，わかりやすいものを使用します。

　文字が少なく，絵やイラストが多く，直感的に理解しやすいものを利用します。

③多感覚のメディアを活用します。

　ビデオやDVDなどは視覚・聴覚による多感覚刺激があり，理解しやすいものです。また多感覚であれば，いずれかの刺激に反応できる児童もいます。

④学習目標が明確で単純なものを使用します。

　学習目標があいまいな教材や多様に解釈できる教材は不適切です。また一度に多量の情報を提示する教材も児童を混乱させるので不適切です。

⑤楽しく，わかりやすいものを使用します。

　意図的に指導しなくても，楽しい教材であれば児童は自然に学習します。

(2)適した教材・教具

　特別支援外国語活動に適したものはリアルな実物や実物に近い模型のプラスチック製品，単純な内容のビデオ（DVD）教材，絵カード，絵本などです。単純で，瞬時に理解しやすいものが適しています。

①視覚メディア（絵カード，ポスター，写真，実物，模型，紙芝居）
②聴覚メディア（CD，その他カセットテープ等の録音教材）
③映像メディア（ビデオ，DVD，CD-ROM）
④印刷メディア（絵本，挿絵の多い物語本やテキストブック，ワークブック）
⑤ICT教材（パソコンでダウンロードした映画・音楽・ニュース，電子黒板等）

(3)役立つ歌

　特別支援を必要とする児童は歌が大好きです。歌を使うには目的があります。授業の始まりや終わりのサイン，活動が変わるときのサイン，動機づけや元気づけなどです。

　以下の歌は，特定の活動のために使用できます。

①**Hello Song**（あいさつ）
②**Seven Steps**（数，動作）
③**Sing a Rainbow**（色）
④**The Days of Week**（曜日）
⑤**Weather Song**（天気）
⑥**Happy Birthday**（誕生日）
⑦**Ten Little Witches**（数，ハロウィン）
⑧**ABC Song**（アルファベット）
⑨**London Bridge**（動作）
⑩**Bingo**（ビンゴ，リズム）
⑪**Head, Shoulders, Knees and Toes**（体の部位，動作）
⑫**We Wish You a Merry Christmas**（クリスマス，正月）

5　特別支援外国語活動の指導法

　特別支援を必要とする児童の英語指導では，通常学級とは違った指導法が求められます。それは，児童個々によって，ニーズにかなりの違いがあるからです。

(1)指導の基本

①ニーズの特性に応じた指導を行います。
　LDやADHD等の障害には一定の特性があるので，その特性に応じて指導します。
②児童個々に応じて指導します。
　特別支援を必要とする児童のニーズは多様なうえ個人差が大きいので，児童個々に応じて指導します。
③実際の発達段階に即して指導します。
　特別支援学級では学年ではなくて，発達段階に応じて指導するほうが実際的です。
④励ましながら指導します。
　学習に自信のもてない児童が多いので，少しでもできたら"Good!"とほめて自信をもたせます。そしてたえず励ましながら指導することが大切です。
⑤満足感や達成感が得られる方法で指導します。
　教師や友達からほめられて自信をもつと満足感と達成感が得られ，さらなる学習への意欲が高まります。

(2)指導法の原則

①体験活動として指導します。
　言葉を直接教えるのではなく，言葉を使った活動を体験させることによって自然に言葉を習得させます。
②視聴覚的方法で指導します。
　視聴覚的方法（Audio-Visual Method）は多感刺激によって学習を容易にします。さきにビデオ等を見せ，スキットを演じさせると容易にできます。
③いろいろなメディアを使い，多面的に指導します。
　いろいろなメディアを使い，いろいろな方法で指導すると，児童は自分にフィットするメディアや方法を見いだし，効率的に学習します。
④動作や五感を使い体全体で学習させます。
　動作や五感など体全体を使って学習すると右脳と連動するため，学習が容易になるばかりでなく，学習の定着もよくなります。
⑤ゆっくりと，かつ繰り返しを多くして指導します。
　通常学級の児童に対して，よりゆっくりと，かつ繰り返しを多くして指導すると，児童は理解が確実になります。
⑥モデルを提示し，リハーサルして学習させます。
　まず教師がスキットでモデルを示し，その後に児童に行わせます。何度か練習したあと本番を行わせると，学習が容易になり定着します。

⑦キュウ（手がかり）を拡大し，理解を促進します。

漫画のように，学習させたいポイントを誇張して示したり，強調して言ったりするとポイントを理解しやすくなります。

⑧達成感を意識させ，学習に自信をもたせます。

学習に自信のない児童は「できた」という意識を自覚することにより，達成感や満足感を感じて，学習に自信をもちます。

⑨グループ活動をさせ，コミュニケーションを滑らかにします。

他人と付き合うことの苦手な児童が多いので，グループ活動をすることにより，自然と仲間とのコミュニケーションが促進されます。ただし無理強いは禁物です。

⑩少しでもできたら評価します。

目標達成度だけで評価するのではなく，少しでもできたら即時に評価します。教師からほめられることは大きな喜びです。それは次回の学習への意欲につながります。

(3)好まれる指導技術

特別支援を必要とする児童に好まれる活動は，以下のようなものです。教師はこれらを実践できる指導技術を会得しておくとよいかもしれません。

①スキット（**Skit**）

教師二人が会話を演じ，モデルとして児童に見せます。ユーモアをもってオーバーに演じると児童はのってきます。慣れたら児童同士にもスキットをさせましょう。

②ロールプレイ（**Role-play**）

「ごっこ遊び」のことで，「買い物ごっこ」，「道案内ごっこ」などです。子どもたちは「買い物ごっこ」などは好きで，何度やっても飽きません。

③ゲーム（**Game**）

ビンゴやフルーツバスケットなどのゲームやクイズ，パズルなどは競争の要素が入っているので，競い合って行います。できるだけ単純なものがよいです。

④歌・リズム（**Rhythm**）

児童は歌やリズムが好きです。授業の始まりや終わりのサインとして毎回同じものを使うと，合図として自然に理解するようになります。

⑤動作・ジェスチャー（**Gesture**）

児童は体を動かすことも好きです。ヘッドショルダーズやサイモンセッズゲームなどをできるだけ単純にして行うと嬉々としてのってきます。

⑥スキンシップ（**Skin-ship**）

授業の始まりや終わりに行う児童一人一人とのハイタッチ（手合わせ）や握手などは児童と教師の一体感をかもし出し，児童に教師への親近感や信頼感を与えます。

特別支援外国語活動で困難なことは，支援を必要とする児童のニーズが多岐にわたることと，その程度の差が大きいことです。そこで児童一人一人に対する個別計画を立てて行うと，効果的な指導ができるでしょう。

(伊藤嘉一)

＜参考文献＞
伊藤嘉一『英語教授法のすべて』大修館，1984
伊藤嘉一『小学校英語学習レディゴー』ぎょうせい，2000
伊藤嘉一『小学校英語教育の基本』学校図書，2000
伊藤嘉一『小学校英語学習指導指針』小学館，2004
伊藤嘉一　ENGLISH for the World（1～7），廣済堂あかつき，2011
伊藤嘉一「共生のための英語教育」星槎大学紀要『共生科学研究』No.5，2010
伊藤嘉一「『特別支援外国語教育』の構想」，星槎大学紀要『共生科学研究』No.6，2011
江戸川区立二之江小学校「心豊かに積極的にコミュニケーションを図ろうとする子供の
　　育成―ALT（JTE）とHRTでつくる英語活動の推進―」平成20，21年度研究紀要
小林省三「特別支援学級（知的障害児）における国際コミュニケーションの素地を育む
　　外国語（英語）活動の研究：理論と実践」文京学院大学大学院修士論文，2010
月森久江『教室でできる特別支援教育のアイデアPart2小学校編』図書文化社，2008
文部科学省『小学校学習指導要領』2009
文部科学省『特別支援学校　幼稚部教育要領　小学部・中学部学習指導要領　高等部学
　　習指導要領』2009

第2章　特別支援外国語活動の基本

第1部 理論編

第3章
特別支援外国語活動のカリキュラム

　本章では，第2章で述べられた「特別支援外国語活動の基本」を土台に，特別支援外国語活動のカリキュラムについて，①カリキュラムを作成する際の留意点，②カリキュラムの作成，③カリキュラムと教材，④カリキュラムと指導案の4つの観点から，具体例をあげながら説明します。

　具体例にあたっては，平成17～20年度の神奈川県教育課題研究委託校，ならびに平成12～22年度の相模原市教育委員会国際教育実践校（現外国語活動実践校）である，相模原市立相模台小学校（根岸信夫校長）の特別支援学級「ひまわり級」の平成22年度のカリキュラムを引用しました。なお，新学習指導要領施行前の実践のため，引用例では，英語活動を「外国語（英語）活動」と変えて表記しています。

1　カリキュラム作成の留意点

　第2章で指摘されているように，特別支援外国語活動で困難なことは，支援を必要とする児童のニーズが多岐にわたっていることです。したがって，特別支援学級等で，通常学級と同一のカリキュラムで外国語活動を行うことは，非常に困難をともないます。そこで，特別支援学級では，独自の外国語活動のカリキュラムを工夫しなければなりません。その際に留意しなければならないことは，「最初にカリキュラムありき」ではなく，学校の教育目標を踏まえたうえで，特別支援学級の児童に対応したカリキュラムを作成することです。

　以下，相模原市立相模台小学校の「ひまわり級」（情緒障害学級2，知的障害学級1，児童数計12名）の例を見ていきます。

(1)学校の全体構想を踏まえる

　資料1は，カリキュラム作成の前段階として，学校の全体構想を明確化したものです。学校教育目標，研究主題（研究委託校のため），めざす子ども像などを再確認し，「ひまわり級」の重点目標を担任教師間で共有して，カリキュラム作成に入ります。

第3章 特別支援外国語活動のカリキュラム

資料1　全体構想

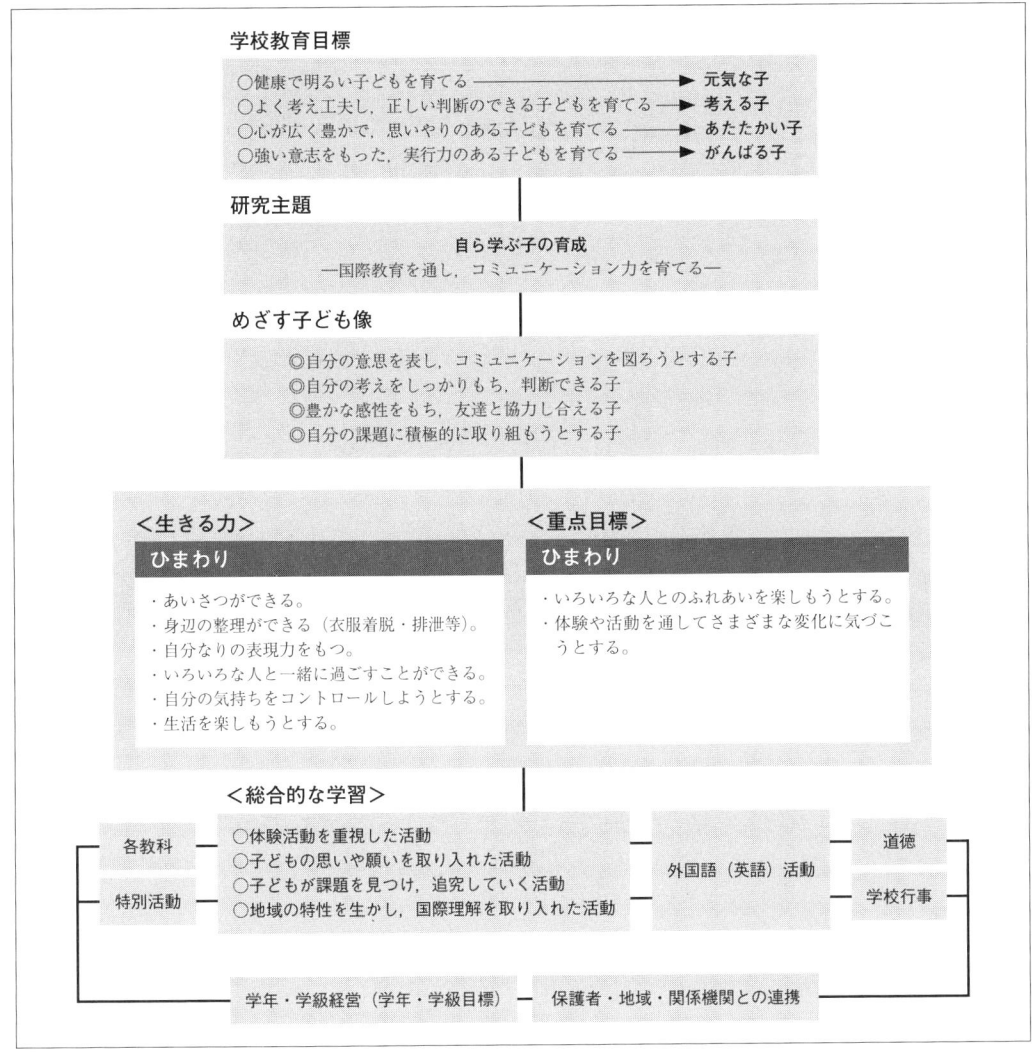

資料2　外国語（英語）活動のねらいと到達目標

①聞く・話すことの実践的なコミュニケーション能力の基礎を養うために，友達やALTとすすんでコミュニケーションを図り，伝わった喜びや楽しさを味わおうとする態度を身につける。
②歌やゲームを通して，外国の言葉と文化に親しむ

ひまわり・低学年

①コミュニケーションを楽しむ

・ALTや友達とのコミュニケーションを楽しむ。
・相手の目を見て聞き，すすんで学ぼうとする。
・ALTのまねをして聞いたことを言うことができる。
・はっきりした声であいさつができる（Hello, Thank you, See you）。
・カードを受け取ったときに，ALTにありがとう（Thank you）を返すことができる。
・Helloという言葉に返すことができる。

②言葉と文化に親しむ

・元気に歌ったり，楽しくゲームをしたりしようとする。
・楽しく歌ったり，踊ったりしようとする。
・ALTの話や，外国の写真などを見て，他の国の文化にふれる。

(2) 児童のニーズに応じたねらいと到達目標を明確にする

　前ページの資料2は，相模台小学校における，外国語（英語）活動のねらいと到達目標です。「ひまわり級」を含めて，全学年を通しての外国語（英語）活動のねらいが，次のように示されています。

　①聞く・話すことの実践的なコミュニケーション能力の基礎を養うために，友達やALTとすすんでコミュニケーションを図り，伝わった喜びや楽しさを味わおうとする態度を身につける。
　②言葉と文化に親しむ。

　その下に示されているのは，「ひまわり級」と低学年の到達目標です。中学年・高学年では，①すすんでコミュニケーションを図る，②外国の生活や文化に興味をもつこと，を外国語（英語）活動の到達目標にしているのに対して，「ひまわり級」と低学年では，①コミュニケーションを楽しむ，②言葉と文化に親しむこと，を到達目標にしています。なお，「ひまわり級」と低学年は同一内容となっていますが，実際には「ひまわり級」の場合，障害の種類や程度によって児童のニーズも異なってくるので，とくに到達目標に関しては，弾力的な取り扱いが必要です。

　このように，外国語（英語）活動のねらいと到達目標を明確化することは，カリキュラム作成の準備をするうえで，とても重要です。

(3) 教育課程への位置づけを明確にする

　次ページの資料3は，平成22年度の「ひまわり級」における外国語（英語）活動の年間活動計画を作成する際の留意点を示したものです。

　「ひまわり級」には，1年生から6年生までが在籍しています。特別支援学級においては，外国語（英語）活動の年間時数に関して弾力的な取扱いであるため，「ひまわり級」独自のカリキュラムとして，総合的な学習の時間の中で年間10時間程度を外国語（英語）活動の時間に設定しています。

　授業は，子どもたちの特性もあり，国際理解を深めるとの教育的判断で，ALTと担任とのチーム・ティーチングで行っています。学年としてのテーマ設定，価値目標や子どもの実態の把握，総合的な学習および外国語（英語）活動における教師の願いの意識化，そして到達目標の明確化を通して，カリキュラムが作成されます。

第3章　特別支援外国語活動のカリキュラム

資料3　「ひまわり級」の総合的な学習・外国語（英語）活動年間計画（平成22年度）

総合的な学習：115時間／外国語（英語）活動：10時間

1　学年テーマ

「みんななかよし」

2　国際教育を通して（価値目標）

・身近な人に興味をもち，いろいろな人とよりよいコミュニケーションを通して，よりよい関係をつくっていけるようにする。
・未知の世界に対しても，抵抗なく接していけるようにする。
・人と自分との違いに対して寛容さを身につける。

3　子どもの実態（学年）

　情緒障害学級2クラス，知的障害学級1クラスの支援級である「ひまわり級」の児童は，言葉の少ない児童から，話量の多い児童までさまざまである。会話がオウム返しになってしまう児童もいる反面，友達に「大丈夫？」などと気遣ったり，相手の話に興味をもって積極的に質問しようとする児童もいる。また，自分の体験を友達や教師に積極的に伝えようとする児童も少なくない。どの児童も，自分なりの表現方法で，喜び・悲しみなどを表現しようとする姿も見られる。

　しかし，理解力が未熟だったり，相手に持続した注意を集中するのが苦手なために，話を聞くことに課題をもっている。いやなことがあっても，うまく表現できずに黙ってしまう，やりたいこと・やりたくないことをうまく伝えられない，自分の言いたいことを長々と話してしまう，相手を傷つけるような言い方になってしまうなど，表現の仕方やコミュニケーションの取り方にいくつもの課題を抱えている。

　このような児童が大人になったときに生きる力となる言葉の力を育て，コミュニケーションマナーを身につけさせたいと考えている。

4　教師の願い（つけたい力，コミュニケーション力）

◎総合的な学習（探求的・課題解決的な活動）
・授業の中で待つこと，黙って聞くこと，適切な発言の仕方などを身につけてほしい。
・さまざまな活動の中でやりたいという意欲をもち，自分の楽しかった体験を伝えたいという気持ちをもってほしい。
・「ひまわり級」の中や授業中だけでなく，交流級や家庭・地域などでも，さまざまな人とかかわり，コミュニケーションがとれるようになってほしい。

◎外国語（英語）活動
・英語の歌や言葉など，自分にとってなじみのない外国の文化にも，抵抗なく接することができるようになってほしい。
・友達や教師とかかわり，歌やゲームを通したコミュニケーションを楽しんでほしい。

5　目標（到達目標）

・聞けるようになる。
・話せるようになる。
・伝えたい，わかりたい，やりたいという意欲をもつ。
・コミュニケーションマナーを身につける。

第1部　理論編

2　カリキュラムの作成

　ここで再度,第2章の「3　特別支援外国語活動のカリキュラム」における基本原則（下記参照）を確認しておきます。そして,これらの原則が,すべて「ひまわり級」の活動内容に反映されているかどうかを見ていきます。

【基本原則】
①学習項目を厳選する。
②できるだけ簡単な単語・表現を使う。
③具体的で視覚化できるものを選ぶ。
④身近で日常に使えるものを選ぶ。
⑤できるだけ楽しい活動を選ぶ。
⑥ゆとりのあるカリキュラムを作成する。
⑦カリキュラムをパターン化する。

　資料4は,「ひまわり級」の平成22年度の年間活動内容と実施計画を示したものです。「ひまわり級」の学年テーマである「みんななかよし」を目標に,人とつながり合い,自分とも対話し,生きる力となる言葉の力を,外国語（英語）活動においても育てることをねらいとしています。また,そのために最小限必要なものとして,「自己紹介をしよう」「英語で何と言うのかな」「ありがとう　さよならパーティー」の3つを題材にしています。

　これらは,ALTへの簡単な英語による自己紹介から始まり,お別れのあいさつで終わる内容ですが,簡単な英語で表現する活動としては,「10までの数を覚えよう」「野菜の名前を言ってみよう」「天気と曜日を言ってみよう」「月見パーティーをしよう」「ハロウィンをしよう」「季節と月を言ってみよう」「食べ物を言ってみよう」「体のパーツを言ってみよう」があります。

　各活動には,できるだけ簡単な単語・表現が厳選されており,活動内容も具体的です。身近で日常的に使えるテーマを設定し,楽しい活動ができるような授業設計を心がけたうえで,カリキュラムを作成しています。単語・表現としては,①簡単なあいさつ（Hello. How are you? I'm fine. Nice to meet you. See you again.）,③自己紹介（My name is ~.）,④感謝（Thank you very much.）,⑦好き（What do you like? I like tomatoes.）,⑨数（one~ten）,⑩天気（How is the weather today? (It's) Sunny.）,⑪曜日（What day is it today? (It's) Monday.）,⑫誕生日（What month is your birthday? (My birthday is) January.）,⑭食べ物（Hamburger, French fries）,⑮基本的動作（Touch your head.）,⑳

ハロウィン（Trick or treat.），★身近なカタカナ英語（ティー：tea）など，前章で示されている学習項目をほぼ網羅しています。

　このように，カリキュラムは，前述の基本原則を指針として押さえつつ，児童の実態に応じて，必要な学習項目を取り入れながら作成することが重要です。必要な学習項目が設定されると，それらに適した活動もおのずと決まります。「ひまわり級」では，「想像して行う活動」がむずかしいため，前章の①体験活動，③動作活動，④ゲーム活動，⑤音楽・リズム活動など，「繰り返して行う活動」を中心にしています。

資料4　年間活動内容と実施計画（平成22年度）

月	ALTとの授業		時数	単語・表現
4月	—		—	—
5月	自己紹介をしよう		1	Hello. How are you? I'm fine. My name is ～． Nice to meet you.
6月	英語で何と言うのかな	10までの数を覚えよう	1	one, two, ～ ten
7月		野菜の名前を言ってみよう	1	What do you like? I like tomatoes, potatoes……． Here you are. Thank you.
9月		天気と曜日を言ってみよう	1	moon, tea ceremony Here you are. Thank you.
9月		月見パーティーをしよう	1	How is the weather today? (It's) Sunny. What day is it today? (It's) Monday.
10月		ハロウィンをしよう	1	ハロウィンって何だろう Halloween's monsters, witch…… ハロウィンをしよう Trick or treat.
11月		季節と月を言ってみよう	1	What season is this? (It's) Spring. What month is your birthday? (My birthday is) January.
12月		食べ物を言ってみよう	1	What is this? Hamburger, French fries, orange juice, coffee……
1月		体のパーツを言ってみよう	1	Touch your head. eyes, ears, nose……
3月	ありがとう さよなら パーティー		1	Thank you very much. See you again.

3 カリキュラムと教材

「特別支援外国語活動に役立つ教材・教具」については，第6章で詳細に扱われているので，ここでは簡単にふれておきます。

カリキュラムが具体化されると，それに合わせて，児童の実態を考慮しながら，教材を準備することになります。資料5は，「ひまわり級」で使用している外国語（英語）活動の教材一覧表です。絵カードや文字カード，絵，食べ物見本などの視覚メディアは，担任教師が児童の実態と単元の内容を考慮しながら，独自に開発したものが中心です。さらに，キャラクター双六，国旗，福笑いなどの市販の教具も利用しています。これらの教材は，年度を越えて活用できるように，保管場所が決められています。

「ひまわり級」の児童の興味・関心に合わせ，文字は最小限にして，絵や写真を多用し，わかりやすく，楽しい教材を活用しているのが特徴です。

資料5　教材一覧表

月	単元・タイトル	教材	保管場所	ゲーム名・使用例
4月				
5月	自己紹介をしよう	気分カード	ひまわり3	気分を伝えるときの補助
6月	10までの数を覚えよう	絵カード，文字カード	ひまわり3	
7月	野菜を言ってみよう	野菜絵カード	ひまわり3	ヒントゲーム，野菜カルタ
9月	天気と曜日を言ってみよう，月見パーティーをしよう	絵カード，文字カード，月の絵カード	ひまわり3	ウェザーバスケットゲーム
10月	ハロウィンをしよう	モンスターの絵，ハロウィンの写真	ひまわり3	ハロウィンパーティー
11月	季節と月を言ってみよう	季節・月の絵カード	ひまわり3	
12月	食べ物を言ってみよう	食べ物見本	ひまわり3	食べ物カルタ
1月	体のパーツを言ってみよう	パーツ人形	ひまわり3	タッチゲーム
3月	ありがとう さよならパーティー	絵カード	ひまわり3	
その他		仕事カード，キャラクター双六，国旗，福笑い，動物の絵，色カード		

4　カリキュラムと指導案

　指導案（活動モデル）についても第7章に解説されているので，ここでは，カリキュラムと指導案について概略を述べるにとどめます。

　次ページの資料6は，平成21年10月14日に行った，「ひまわり級」の公開授業での指導案です。学校の教育目標を踏まえ，〈子どもの実態〉〈目標〉〈学習材（教材）〉〈教師の願い〉〈学習方法・支援〉〈学習環境〉のすべてを勘案しながら，学習指導案を立てていることがわかります。さらに，指導計画を明示し，本時の活動内容と前後の時間の活動内容を確認したうえで，本時の目標を掲げています。本時の目標をこのような形で明確化することによって，児童一人一人の個人内評価も可能となります。

　このように，児童の実態を考慮しながら，指導案の中で学習目標と評価項目を明示することにより，指導と評価の一体化をめざすことができます。また，評価項目を通して，児童に対する評価だけでなく，授業評価や広くカリキュラムそのものについての評価も可能になります。その意味では，カリキュラムと指導案は，表裏一体の関係にあります。

　以上，特別支援外国語活動のカリキュラムについて，「ひまわり級」の例をあげながら，①カリキュラム作成の留意点，②カリキュラムの作成，③カリキュラムと教材，④カリキュラムと指導案の4つの観点から述べてきました。とくに，学校の教育目標とのかかわりの中で，カリキュラムを作成する重要性およびカリキュラム作成の際に必要な基本原則の具体例について言及しました。最後に，カリキュラムは固定化されたものではなく，特別支援を必要とする児童のニーズに配慮しながら，随時見直すことが必要です。

（長谷川淳一）

＜参考文献＞

伊藤嘉一　『小学校教師が外国語活動を行うための自己研修教材の開発』平成21年度財団法人「文教協会」委嘱研究，2010

伊藤嘉一　「共生のための英語教育」星槎大学紀要『共生科学研究』No.5，2010

相模原市立相模台小学校「研究主題　自ら学ぶ子の育成　―国際教育を通し，コミュニケーション力を育てる―」平成21年度研究発表会資料，2009

村川雅弘・池田勝久『小学校外国語活動のための校内研修パーフェクトガイド』教育開発研究所，2010

文部科学省　『小学校学習指導要領』2009

文部科学省　『特別支援学校　幼稚部教育要領　小学部・中学部学習指導要領　高等部学習指導要領』2009

資料6　外国語（英語）活動学習指導案

1. 日時・場所 ──── 平成21年10月14日（水）13:40～14:25・ひまわりプレイルームC棟1, 2, 3階
2. 学年・組 ──── 「ひまわり級」（11名）
3. 単元名 ──── 秋となかよし
4. 単元について

子どもの実態

- 言葉の少ない児童から，長く話せる児童までおり，個人差が大きい。
- おだやかで落ち着いているが，自分から働きかけず，受け身な児童が多い。
- 相手を意識して「話す・聞く」ことが困難で，相互性のあるやりとりや待つことなどが不得手な児童が多い。
- 体を動かすゲームの中で，体全体でコミュニケーションをとりながら英語活動を楽しんでいる。
- 英語の歌やゲームなどは，視覚的な手がかりや動作を伴ったり，繰り返し行ったりすることで，覚えて楽しむことができる。

教師の願い

- 授業の中で待つこと，黙って聞くこと，適切な発言の仕方などを身につけてほしい。
- さまざまな活動の中でやりたいという意欲をもち，自分の楽しかった体験を伝えたいという気持ちをもってほしい。
- 「ひまわり級」の中や授業中だけでなく，交流級や家庭・地域などでも，さまざまな人とかかわり，コミュニケーションがとれるようになってほしい。
- 英語の歌や言葉など，自分にとってなじみのない外国の文化にも，抵抗なく接することができるようになってほしい。

目標

- 見たり，聞いたり，触れたり，体を動かして直接体験しながら友達と活動する楽しさを知る。
- 学習を通して自分の回りの生活や自然に目を向け，自立した生活に生かせるようにする。
- 伝えたい，わかりたい，やりたいという意欲をもつ。

学習方法・支援

- 季節の行事と関連づけて学習し，意欲や関心を高める。
- 学習の手だてとして視覚的に絵やカードを用いて，理解しやすいように支援する。
- 実際に動いたり表現したりすることを多く取り入れ，繰り返しやりとりするように展開する。

学習材（教材）

- 気分カード，おばけカード，地図などの視聴覚教材（自作）を取り入れ，理解したり，表現したりするための手がかりとする。
- CD，パソコンなど視聴覚機器を活用する。

学習環境

- 教材　音楽（お化けの歌）
　　　　図工（お化けの衣装作り，ハロウィンのおかし作り）
　　　　学級会（ルール）

5. 指導計画（4時間）

	題材名	学習内容
1	月見パーティーをしよう	tea ceremony　Here you are.　Thank you.
2 (本時)	ハロウィンをしよう	Halloween's monsters（ghost, jack-o'-lantern, witch, etc.） Trick or treat.　I'm scared.
3	体のパーツを言ってみよう	Touch your ○○. eyes, ears, nose, mouth, head, etc.
4	季節と月を言ってみよう	What season is this?　It's ～. What month is your birthday?　My birthday is ～.

第3章 特別支援外国語活動のカリキュラム

6 **本時の目標** ・マナーを守って，友達や先生と楽しくやりとりする。
・おばけの名前や呪文の英語を聞いたり言おうとしたりする。

7 **本時の展開** 2／4

学習活動	教師の働きかけ	
	HRT	ALT
1 あいさつをする ○Hello, Elizabeth Sensei ○I'm fine（happy, great, …）. Hello song♪	○Hello. ○みんなで楽しく歌って踊りましょう	○Hello. ○How are you? ○Really? ／ Good. ○Let's sing and dance "Hello song".
2 Left and rightを歌って踊ろう Left and right（GE）♪		○Let's sing and dance "Left and right".

　　　　　　　　　ハロウィンって何だろう？

3 ハロウィンの歌を歌おう Halloween♪		○Let's sing "Halloween".
4 ハロウィンって何？ ・ハロウィンについて簡単な話を聞く ・おばけの名前とお菓子をもらうときの呪文を教わる	○ハロウィンって何するの？ ・昨年やったことを思い出させる ・ALTの説明を日本語で補足する	・英語でハロウィンの説明をする

　　ハロウィンのおばけたち……Halloween's monsters
　　魔女……witch，ミイラ……mummy，おばけ……ghost
　　飾りカボチャ……Jack-o'-lantern

	・おばけの名前を教える ・おばけカードを使う	○What is this? ○Trick or treat.

　　　　　　　　　　　　Trick or treat.

5 おばけを探しに行こう ・チェックポイントをまわり，お菓子をもらう ○Trick or treat. ○I'm scared. ○Thank you.	○これからグループで，チェックポイントをまわります。おばけマップを見ながら，おばけを見つけて呪文を言って，お菓子を集めよう。 ・HRTがおばけに変装してチェックポイントに隠れる ・おばけの名前や呪文などを確認する ・お菓子をもらったら必ずお礼を言うことを確認させる ・お手本になる子が入るようにグループ分けをしておく	○Let's go. ・ゲームの仕方を説明する
6 あいさつをする ○Yes.／No. ○Thank you, Elizabeth Sensei. 　See you next time.	○Did you enjoy? ○Thank you, Elizabeth Sensei. 　See you next time.	○Did you enjoy? ○You're welcome. 　See you next time.

準備：CD "Hello song"（Songs and Chants）
　　　　"Left and right"（Genki English）
　　　　"Halloween"（ミネルヴァ Halloween Card Set）
　　　おばけカード，おばけマップ，お菓子，おばけの衣装

評価：マナーを守って友達や先生と楽しくやりとりしたか。
　　　おばけの名前や呪文の英語を聞いたり言ったりして，伝えあおうとしていたか。

第4章
特別支援外国語活動で扱う指導内容

1 小学校における特別支援外国語活動

　特別支援を必要とする児童たちは，本来ならば障害の種類や程度により，個別に支援を受けながら外国語活動を行うのが望ましいでしょう。しかし，公立の学校では徹底した個別学習は望み難いのが現状です。学校は一斉授業かグループ学習が原則です。特別支援外国語活動ではグループ学習の形態をとることがよいように思われます。グループ学習ではお互いに知的好奇心を高めあったり，知識を補足しあったり，励まし合ったりという利点があるからです。

　本章では，通常学級，特別支援学級，特別支援学校において，支援を必要とする児童のための外国語活動の内容のガイドラインを示します。この中には，どの児童も共通して学ぶ基本的な内容と，児童の好奇心や興味，コミュニケーション能力，知的能力によってさらに内容を広げていく部分が含まれています。

　小学校外国語活動の目標は，「外国語を通じて，言語や文化について体験的に理解を深め，積極的にコミュニケーションを図ろうとする態度の育成を図り，外国語の音声や基本的な表現に慣れ親しませながら，コミュニケーション能力の素地を養う」と，小学校学習指導要領にあります（文部科学省　平成20年3月告示）。また外国語活動が必修となる第5学年及び第6学年の内容とその取扱いについても，学習指導要領に記述されています。しかし，特別支援を必要とする児童の場合は，年齢や学年による差異よりも，個々のニーズの質・量の差が大きいと考えられます。したがって学年別に分けて指導を考えるよりも，ニーズの程度によって指導内容を変える必要があります。

　本章では，まず，①外国語活動のベーシックなものとして，すべての児童が学習する内容をあげます。次に，②モデルを模倣することが学習の中心になる指導内容を示します。そして，③コミュニケーション能力が比較的ある児童用に，積極的に外国語活動を促すための指導内容，とステップアップしていきます。

　ベーシックな活動内容は，最小限に必要なものを厳選することが大切です。できるだけ簡単な単語・表現を使います。単語・表現は身近で日常に使うものを選びます。そし

て外国語活動を楽しいものにするために，歌を歌います。児童が外国語を習得するのには右脳を使っていると言われています。言葉で論理的思考を行うようになると左脳を使います。歌を歌うことは右脳を使うことにつながり，児童が楽しいだけではなく，効果的な外国語の習得につながります。

2 ベーシックな外国語活動の指導内容

外国語活動において，子どもたちは，ふだん使っている母国語（日本語）と異なる外国語（英語）という未知な言語に出合います。日常生活で，外来語としていつの間にか使っていた英語に気がつくかもしれません。初めて出合った英語に興味をもち，英語の発音を真似し，何度も繰り返すようになります。

このような流れを踏まえ，子どもが抱えている障害の種類や程度はさまざまであっても，これだけは必ず指導したいという内容を絞り込みます。本書で提案する，特別支援学級のベーシックな外国語活動の指導目標は，以下のとおりです。

> ・大きい声で，教師の真似をして，英語の音声やリズムに親しむ。
> ・簡単なあいさつができる。
> ・身近なもので，外来語になっている単語を英語で発音する。

a 単語

扱う単語は身近なもの，具体的に目に見えるもの，あるいは簡単に児童がイメージできるものに限ります。
・1～3までの数――one, two, three
・食べもの――milk, juice, tea, banana, melon, cake, chocolate, ice cream, potato, tomato
・身の回りのもの――cup, knife, fork, spoon, book, pen, bag, pants, skirt, shirt
・スポーツ――baseball, dodge ball, soccer, swimming, tennis

b 表現

扱う表現は，簡単なあいさつと自分の名前です。これらを英語で言い，友達や先生と簡単なコミュニケーションを図ります。英語でのコミュニケーションの第一歩です。
・あいさつ――"Hello." "Bye." "Thank you."
・名前を言う――"I'm Ken Tanaka."

c 文字

外国語（英語）というまったく日本語と異なる文字が存在することを認識します。そ

れぞれの児童の名前を点線で書いた教材を用意し，児童は自分の名前を点線になぞって書きます。大文字で書いたものと小文字のもの両方を用意し，英語には大文字と小文字の2種類があることを認識します。

ローマ字は3年生の国語で習うことになっていますので，5，6年生の段階では自分の名前を英語で書いてみる（なぞるだけでも），経験をさせたいと思います。

d 歌

単語で1～3までの表現を扱っているので，Seven Steps♪の歌を，one, two, threeの数だけの替え歌にして歌います。

One two, three,　one, two, three,
One, two, three,　one, two, three,
One, two, three,　one, two, three,
One, two, three,　one, two, three

3　モデルを模倣することが学習の中心になる指導内容

ベーシックな外国語活動の指導内容が定着したら，さらに内容を広げて外国語活動への児童の興味や関心を高めます。何度も繰り返し発音することで，歌を歌うのと同じように，声を出すことの楽しさを体感していきます。

モデル学習が中心となる学習の目標は，以下のとおりです。

・教師やCDのモデルの発音を何度も繰り返し模倣して，英語を発音することに慣れ，英語を発音することを楽しむ。
・いろいろなあいさつの表現に親しむ。
・身近なものを英語で発音する。
---

a 単語

特別支援を必要とする児童も，多くの単語を学ぶことができます。扱う単語を急に増やさず，児童の興味・関心や知的発達段階を考慮して，無理のないように少しずつ内容を広げます。

・1～10までの数——one, two, three, four, five, six, seven, eight, nine, ten
・食べもの——cheese, butter, curry rice, chicken, fish, meat, donut, rice, hamburger, salad, sandwich, sausage, soup, water, watermelon, apple, grape, orange, corn, lettuce
・動物——cat, dog, horse, cow, lion, monkey, tiger, ant, bee, beetle
・家族——father, mother, brother, sister, baby

- 身の回りのもの――cap, shoes, socks, sweater, house, door, bed, piano, television, camera, car, bus, taxi, desk, chair
- 色――red, black, white, blue, green
- 体の部位――head, shoulder, knee, toe, eye, ear, mouth, nose
- アルファベット（大文字）――A, B, C, D, E, F ……

b 表現

ベーシックな外国語活動の指導内容と同じく，あいさつと簡単な自己紹介を扱います。自分の年齢や好きなものを言って自己紹介します。

- あいさつ――"Good bye." "See you." "No, thank you." "OK." "Good." "～, please." "Here you are."
- 自己紹介――" I'm Moe Sato." "I'm eleven." "I like ～ ."

c 文字

アルファベットの大文字をなぞって書きます。ベーシックな学習では自分の名前を書いたので，ほかにもいろいろな文字があることを認識します。

点線でアルファベットの大文字が書かれた教材を用意し，児童は点線の上をなぞって書きます。ここではアルファベットの発音も学んでいますので，発音しながら書ける児童には，そのように指示します。

d 歌

ベーシックな学習では，Seven Steps♪の替え歌を使って，1～3までの数字を学習したので，児童はメロディに慣れています。この段階では1～10の数字を扱うので，Seven Steps♪のオリジナルの歌詞を歌います。また，Happy Birthday to You♪の歌は，ほとんどの児童が歌ったことがあるかもしれません。正確な歌詞で歌えるように何度も繰り返し練習し，誕生日の児童にクラス全員で歌って祝います。体の部位では，Head, Shoulders, Knees and Toes♪の歌に出てくる単語を学びますので，体の部位に触れながら歌うと楽しく外国語活動ができます。

- 数（1～10）――Seven Steps♪
- 誕生日――Happy Birthday to You♪
- 体の部位――Head, Shoulders, Knees and Toes♪

4 積極的に外国語活動を促すための指導内容

コミュニケーション能力が比較的高い児童には，2，3に続くステップとして，積極的に外国語活動を促すための指導を行っていきます。指導目標は，以下のとおりです。

・英語でコミュニケーションすることの楽しさを経験する。
・モデルの表現を模倣し，さらに自分の考えを英語で表現する。

a 単語

扱う単語の数はさらに増えます。個々の児童の興味・関心に応じて，もっと増やすことも可能です。ただし，曜日のような抽象的な単語の学習が困難な児童には，ただ覚えることを無理強いしません。児童の学習状況に応じて取捨選択してください。

・食べもの——rice ball, bread, beef, pork, egg, pizza, spaghetti, carrot, cabbage, cucumber, eggplant, salt, sugar, pineapple, strawberry
・身の回りのもの——pencil, notebook, textbook, dish, glass, crayon, eraser, paper, scissors, umbrella, watch, bath, dining room, kitchen, floor, window, telephone, garden, key, picture
・色——pink, brown, gold, silver, yellow, purple
・天気——sun, moon, star, rain, snow
・体の部位——hand, foot, face, hair, arm, leg, body
・曜日——Sunday, Monday, Tuesday, Wednesday, Thursday, Friday, Saturday
・アルファベット（小文字）——a, b, c, d, e, f ……

b 表現

いろいろな場面でのあいさつを扱います。あいさつを交わすことで，人とのコミュニケーションを図ります。紹介は自己紹介にとどまらず，他者の紹介もします。日常の動作では，自分のこととして表現するだけでなく，話し相手のことも表現します。

・あいさつ——"Good night." "Excuse me." "I'm sorry." "That's all right." "May I help you?" "How nice!" "I see."
・紹介——"My name is Ryo Yamada." "I'm from Tokyo." "I like English." "This is Wei Lee." "He is from China." "He likes Japanese."
・日常の動作——"I (You) get up at 6." "I (You) go to school at 8." "I (You) have lunch at school." "I (You) go to bed at 10."

c 文字

点線で書かれたアルファベットの小文字をなぞって書きます。単語でアルファベット（小文字）の発音を学んでいますので，大文字のときと同様に発音しながら，あるいはABC Song♪を歌いながら書きます。

しだいに，アルファベットの大文字と小文字を，モデルを見ながら書き写せるようにしていきます。単に文字をなぞるのではなく，カードや黒板に書かれたアルファベットの文字を見て書き写します。さらに単語カードに書かれた文字を見ながら書き写し，アルファベットを書くことに慣れます。

d 歌

あいさつの歌，曜日の歌，ABCの歌（アルファベット），虹の歌（色）などを歌います。いずれも単語を学習する時に，歌いながら楽しく活動します。

・あいさつ――Hello Song♪
・曜日――The Days of Week♪
・アルファベット――ABC Song♪
・色――Sing a Rainbow♪

5 おわりに

ベーシックな外国語活動の内容としてあげたものは，特別支援を必要とする児童全員を対象にしたものです。外国語（英語）への入門ですので，ゆっくりと何度も繰り返しながら楽しい雰囲気で授業を進めます。

モデルを模倣することが学習の中心になる指導内容と，積極的に外国語活動を促すための指導内容は，個々の児童の興味・関心，発達段階，知的能力などを考慮して，できるだけ個別に無理のないように展開していきます。

（伊藤香代子）

第5章
特別支援外国語活動に適した指導法

1 特別支援外国語活動で役立つ指導法の基礎

(1)学習目標

　特別支援外国語活動では，英語を「言語学習」として学ぶわけではありません。しかし，特別支援を要する児童のための特別な「やさしい英語」があるわけでもありません。小学生に必要最小限の事柄を，基礎から積み上げて，ゆっくりと，繰り返しながら指導していきましょう。外国語活動を通して，将来，日本に住む外国のお友達ともコミュニケーションがとれるような「自立活動」に少しでもつながれば，児童の生活の楽しさも広がります。

音・リズム

　表意文字の漢字を使う日本語と違って，英語は「音」で意味の違いを表します。日本語と大きく異なる音もあり，発音になじみのないものもあります。恥ずかしがらない低学年のうちから，「舌を歯の間に軽く挟む」「唇をかむ」など，日本語にない音の出し方を大げさな顔の表情で示すと，この違いがむしろ「珍しさ」として児童の興味をそそり，上手に「真似っこ」をして身につけていきます。

　通常学級でも，外国語活動の時間は他の教科の時間より元気に大きな声が出て，クラスが明るくなると報告されています。平坦に話す日本語と，音の高低，強弱のリズムのはっきりした英語との違いからくるのではないでしょうか。

言葉の「きまり」

　英語と日本語には，言葉の「きまり」の違いもあります。「て・に・を・は」のない英語は，「語順」で文意が決まります。また「単数・複数」によって，名詞，代名詞や動詞が変化するきまりも，日本語には見られません。

　しかし，子どもたちに文法的に説明する必要はありません。英語の「言葉のきまり」は，歌やチャンツの繰り返しで自然に「かたまり」として覚え，替え歌で発展させるのが小学校の常道です。

> 「マナー」の言葉

　欧米の子どもたちは，幼児のころから"Please.""Thank you.""Sorry."の３つの言葉を言うようにしつけられます。これらは，日本の子どもにとっても，「英語のコミュニケーション」に大切な言葉です。

(2)学習の流れ

　小学校では，教師が中心となって児童に教え込むのではなく，「五感」をフルに使って児童の「潜在能力と興味」を呼びさましながら，学習を進めることが求められます。これは，特別支援外国語活動においても，とても大切なことです。

　「導入－練習－定着－発展」のステップを踏み，「耳で言葉を聞くときは，必ず目で実物を見る」「聞いたことは，声に出して真似して言ってみる」など，「体」を使ったいろいろな活動を体験しながら練習し，「手」を使った作業で描いたり書いたりもして，定着を図ります。こうした流れにふさわしい教材・教具の用意も大切です。

> 導入

　新しい学習目標の導入にあたっては，児童の身の回りから，すでに知っている事項を使って，未知のものへと自然に導きます。今日の児童は，カタカナで意外に多くの英語を知っています。それに気づかせると，学習のエンジンがかかります。

　特別支援学級では，事例（項目）を１つずつ提示するのがよいとされていますが，ときには次のような指導法も試してみましょう。

　例えば本時の学習目標の「絵カード」を黒板いっぱいに貼り，横に「数字カード」でナンバーを打っておきます。児童は何が始まるのかわくわくし，集中します。そこで教師はランダムに「絵のもの」を英語で言い，児童にナンバーで答えさせるのです。児童の知っていそうなものから始め，難易のものを取り交ぜて言うことが大切です。数が未習の場合は，蠅たたきを使って該当するカードをたたいたり，カードを手で取ったりして，「体で答える」ようにするのも楽しいでしょう。発話や発声が苦手な児童も，このような活動には活発に参加できます。

　こうすると絵カードを１枚ずつ順に学習するより退屈せず，教師は児童の「実力」を知り，次の活動プランを立てるのにも役立てることができます。

> 練習

　子どもにとってむずかしくなく，また飽きないようにステップを踏んだアクティビティで，学習目標を「目先を変えて」繰り返し練習します。活動にあたっては，次のステップを踏み，個人の能力に合わせて加減をします。

　①教師やALTがモデルを見せる。ぬいぐるみ（P48図７参照）を使うのも有効。
　②グループごとに「広場」（P48～49図10参照）で活動する。
　③個人でやってみる。

> 定着

　学習した事項を使って，実生活に役立つ活動（タスク）をします。ワークシートに書いたり，「振り返りノート」に記入したり，各児童の能力に見合った方法で，「手」を使って定着を図ります。達成感と満足感が得られ，「次もやりたい」という意欲を生み出します。

> 発展

　既習の単語を使った絵本の読み聞かせをします。絵本の内容を精選し，既習事項を積み上げるとともに，「英語でわかる体験」をさせます。

　例えば，次のように絵本を読み進めるとよいでしょう。児童は自然に繰り返しの文言を口真似したり，絵を見て身振りをし始めます（絵本は全作品Eric Carleによる）。

●色と動物を学んだら

　Brown Bear, Brown Bear, What Do You See?

　　この絵本は，「ABCの歌」のメロディーで歌うことができ，全員で楽しめます。

●動物の鳴き声も学んだら

　Polar Bear, Polar Bear, What Do You Hear?　　*The Very Busy Spider*

●体の部位・動作動詞も学んだら

　From Head to Toe

(3)手造りの教材・教具

　教師の指導指針に沿った教材・教具を手造りして，使い回しをすると便利です。

> 小学生の発音記号（音の可視化）

　日本語にない"th"［θ］の音は，発音中の口の大きなモデル写真や絵（図1）を「θのモデル」として作成し，これを舌先を上下の歯で軽く噛んで発音することを示す「絵の発音記号」にして利用します。"F"［f］や"V"［v］も，大きな前歯を出している「リス君」の写真や絵（図2）を使うと面白く，効果的です。

　この利用価値の高い「θのモデル」と「リス君」は，常に黒板に貼っておき，これらの音が出てくるたびに，「真似っこ」して「珍しい音の発音練習」に使います。

図1　　図2

使い回しのきく教具

教師がワークシートの色塗りや記入のモデルを示すときには、児童と同じように無記入の教材を模造紙大に拡大コピーして「チャート」として使い、活動の説明にそって作業を示すことが大切です。

例えば「数の導入」（P51参照）で、それぞれの数字に色を塗る作業を行うとします。このとき、あらかじめすべての数字に色が塗ってあるチャートを使って説明すると、一見カラフルで楽しそうなのですが、特に障害をもつ児童にとっては、いま何をしているのかがわからなくなり、混乱してしまうことがあります。いっぽう、白紙のチャート中に、色付きの数字カードが1枚だけ貼られていれば、いま学習している部分が強調されて、学習内容が一目瞭然になります。面倒でも、ていねいに1歩ずつ進んでいくことが肝要です。

また、こうした取り外しのきく教具は、一度作成してしまえば、いつでも、どこでも、何度でも、だれでもが活用できて、便利です。

役に立つ小道具

●ファイル・ゼッケン（図3）

透明のプラスチック・ファイルの上部に2つ穴をあけ、リボンを通して輪にし、首からつるせる「ゼッケン」。ネームタグとして利用するほか、「フルーツ・バスケット」や「ごっこ遊び」をするときに中に絵カードを挟んで使うなど、応用範囲が広い小道具です。リボンの長さなど、ADHDの児童の安全面には注意が必要です。

●手の形の指し棒（図4）

「答えたい児童」にバトンのように回したり、接触を嫌う児童の「握手」に使います（パーティー・グッズとして売っている）。取り合いなどにならないよう、扱いには注意します。

●"Yes""No"を示す○×カード（図5）

発話の苦手な児童の意思表示用に使います。

●「はてな？」ボックス（図6）

ケトルなどが入っていた立方体の箱に黒い紙を貼り、白い「？」マークをつけ、ふたの部分に丸い穴をあけます。野菜や果物の絵や模型をここから出してQ&Aなどに使うと、「手品」のようで注目度が高まります。

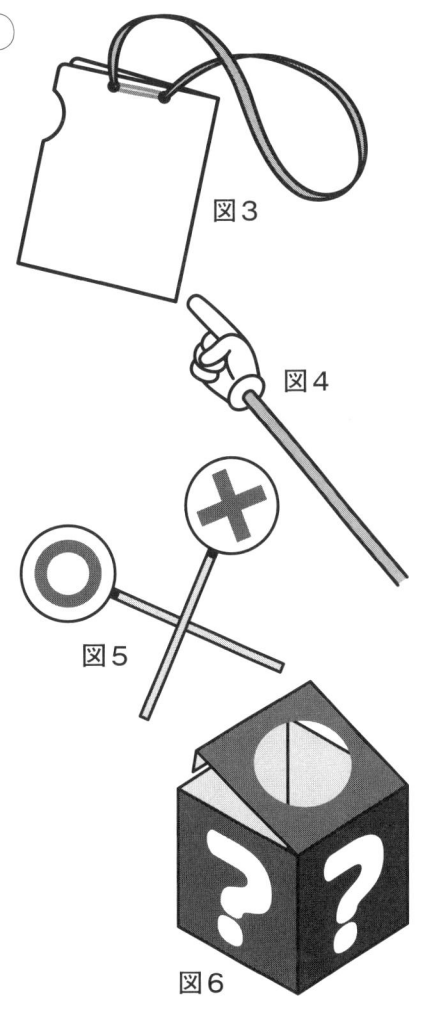

図3

図4

図5

図6

●ぬいぐるみ（図7）

児童の好きなキャラクターのぬいぐるみを2種類選び，"What's your name?" や "How are you?" などの会話練習の導入時に，「オウム返し」を避けるため活用します。普通のぬいぐるみに名前をつけて級友にし，教卓上のおもちゃの籐椅子などに座らせて，Q&Aのモデル役とし，毎回一緒に勉強するのも楽しめます。

●ジャイアント鉛筆（図8）

色画用紙で50センチくらいの長さの鉛筆の形を作り，裏にマグネットをつけて黒板に常時貼っておきます。"Take out your pencil." と言いながらこの鉛筆を見せたら，「書く作業開始」の合図としておくとわかりやすいです。

●ディナー・ベル（図9）

授業中騒がしくなったときは，"Be quiet!" と叫ぶよりも，「ちりんちりんと小さなベルを鳴らしたら静かにする」というルールを決めておくのも有効です。

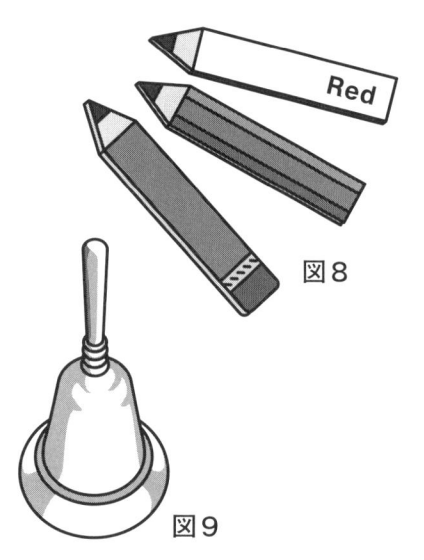

(4)教室のしつらえ

「外国語活動」のための特別教室があって，毎回そこへ移動するようにすると，児童は自然に「英語ワールド」に入ることができ，学習がスムーズに楽しく進みます。また，教材・教具の整理整頓に好都合で，授業の準備も容易にできます。

ホームルームで学習する場合でも，机を「コの字」に並べて「広場」をつくると，通常の教室とは違った「わくわくする雰囲気」がつくれます（図10）。

コの字に並べた机の3つの「辺」には，障害の特性と程度を考慮した児童の組み合わせでグループを編成して座席を決めておくと，互いに助け合って活動がスムーズに進みます。中央の「広場」は，体を動かす活動や絵本の読み聞かせ，紙芝居を楽しむのにも好都合です。また，新しい活動に取り組むとき，クラス全員で一斉に開始するより，「広場」で1グループずつ活動させ，他のグループはそれを見守るようにすると，理解の遅い児童も他の児童の活動を見ることによって学ぶことができ，「自分もやってみたい」という気持ちを誘うことができます。

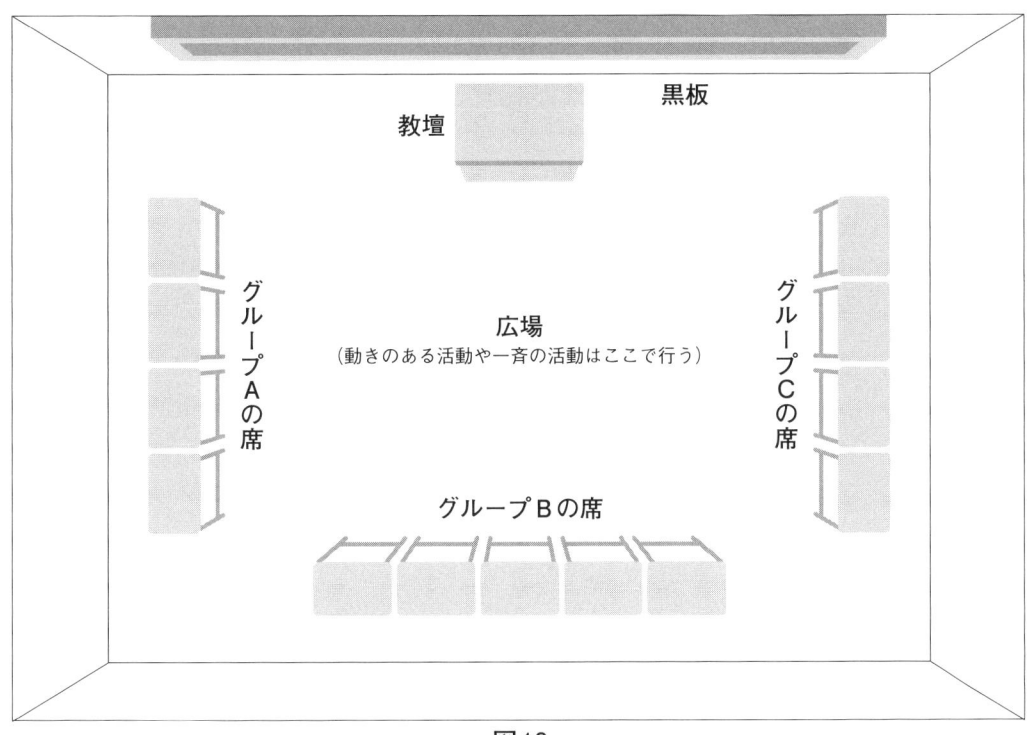

[図: 教室配置図 — 黒板、教壇、グループAの席（左）、グループCの席（右）、グループBの席（下）、広場（動きのある活動や一斉の活動はここで行う）]

図10

2 指導法の実践

　特別支援学級には，障害の種類，発達段階の異なる児童が在籍しています。教師は各児童の特徴，能力の違いのみでなく，その日の児童の体調やクラスの様子など，活動指導に細かい配慮が必要です。臨機応変の対応に備えて本項では低学年から高学年，また異なる発達段階の児童に対応できる種々の指導方法を示します。各学級のニーズに合わせて選択し，英語での設問がむずかしい児童には，日本語での説明から始めましょう。

(1)授業開始・終了

　始まりと終わりの合図となる活動を決めておきます。子どもたちが切り替えて，さっと集中できるようになります。

起立

　活動を始めるにあたって，教師が"Stand up, please."と言いながら立ち上がり，ジェスチャーで子どもたちにも起立を促すと，静かに集中できます。活動終了時も同様に起立して子どもたちの「興奮」をしずめ，活動終了の区切りとします。

あいさつ

　歌を使って導入します。

<指導例>

①Happy Birthday to You♪の替え歌を歌う。

> Good Morning to You♪の歌詞
> 　教師：♪… Good morning, <u>dear Class</u>, good morning to you…♪
> 　児童：♪… Good morning, 〜 -sensei, good morning to you…♪

　午前の授業：Good Morning to You♪

　午後の授業：Good Afternoon to You♪

　終　了　時：Good-bye to You♪

②歌が定着したらメロディーをはずす。

　"Good morning, <u>先生や友達の名前</u>."とあいさつができるようにする。

③Hello Song♪を全員で振り付きで歌う（①②定着後のステップアップ）。

> Hallo Song♪の振り付け
> 　"Hello"の部分で,「こんにちは!」という感じで手を振る。
> 　"you"では両手で相手を指し,"I"ではその手を交差させて自分の胸に持ってくる。

④教師が"Hello, …Hello, how are you?"の部分を歌って尋ね，児童はそれに答える形で後半を歌う。

　歌の内容がわかり,「オウム返し」が防げる。

⑤児童を2グループに分け，それぞれがQ&Aの形で歌う。

⑥②と同様に，メロディをはずして，授業開始の会話として定着させる。

(2)ネームタグ

アルファベットで書かれたネームタグをつけることで，外国語活動の時間であることを子どもに意識させます。また，自己紹介やグループ分けに活用できます。

<指導例>

①授業の始めに，教師が児童の名前を呼んで，ネームタグ（P140参照）を各人に渡す。

　　教師：Here you are.

　　児童：Thank you.

②果物や野菜，動物の名前などを学習したあとには，自分のネームタグに好きなものの絵を描いたり，シール（stickers）を貼ったりして,「自分のネームタグ」を識別させる補助とし,「自分のもの」という意識をもたせる。ネームタグを渡すとき，教師は児童の名を呼んで前に来させ，ランダムに並べたネームタグの中から，自分のものを選ばせる。

　　教師：Which is your name tag? Point to it.

　　児童：This is my name tag.（指すだけでもよい）

③学習が進んで"I like ＿＿＿."の発話の段階に来たら，このネームタグをショーアンドテルに使用する。

児童：（例えば，バナナの絵が描かれているネームタグを見せながら）

My name is ＿＿＿. I like bananas.

(3)色（colors）

歌を使って，色を表す言葉を導入します。以下の①②のように，五感をフルに使って順を踏んで学習したあと，最初に戻って，もう一度CDを聞いてみると，今度は単語がよく聞こえて，たくさんの色鉛筆が取れます。このように，言葉を「知っていれば聞こえる」という体験をさせることも大切です。最後は④のように，「色塗り」など手を使った作業により「学習目標を体得させる」ことも忘れてはなりません。達成感と満足感も得られます。

＜指導例＞

①耳を使って（aural）
- Sing a Rainbow♪の歌を1回聞かせ，何が聞こえたかを，試しに児童に言わせてみる。「ぶっつけ本番」が児童の耳目を引きつける。
- 各自に12色入りの色鉛筆の箱を用意する。
音楽に合わせて，聞こえた「色」の色鉛筆を取って，箱のふたに並べる。
手先の不器用な児童には太めのクレヨンを用意し，気の散りやすい児童には色板を机上に並べて，「一人かるた」をさせてもよい。

②目を使って（visual）
- Sing a Rainbow♪の歌に合わせて，マグネット付きの「色板」を教師が黒板に貼っていく（赤いハートの色板などを作成しておくとよい）。
- 歌の2回目のフレーズに合わせて，教師が色板を指し棒で指し示していく。テープから聞こえる「色の名前」と「色板」をマッチングさせて，児童に確認させる。
- もう1度①を試してみる。

③口を使って（oral）
- 1色ずつ「色板」を指しながら，教師について単語を口で言う練習をさせる。

④手を使った作業（manual）
- 歌に出てくる以外の色板（黒・白・藍・茶色など）を黒板に貼り，教師がランダムに英語で言って，児童に「蠅たたき」によるマッチングをさせてみる。
- 口頭による指示（oral directions）で，虹や七夕の「短冊」の塗り絵をする。

(4)数（numbers）

数の導入でも歌を使います。英語の数の習得には，まず「1～10」の定着が大切です。

"One, two, three……" と順に唱えられるだけではなく，実生活ではランダムに見た数字を英語で言えることも必要です。電話番号や郵便番号を読んでみる「発展活動」は，障害児にとっても，実生活に即した自立活動につながる有意の「復習活動」となります。

次に，既習の色と1～10を使って，むずかしい数（11以上や序数）を楽しく学んでいく「連想ゲーム」をします。関連して学ぶ数字のグループに，手を動かして同じ色を塗ることでよりたやすく定着させます。

基数（cardinal numbers） 1～10

＜指導例＞

①黒板に1～7の「数字カード」（P141参照）を貼る。

教師が1枚ずつ指しながら，Seven Steps♪の歌詞に合わせて歌う（1～7の定着）。

②トランプの各組1～7までをシャッフルして，教卓に積み上げる。教師が1枚めくってカードを示し，児童はその数字をすぐ英語で言うゲームをする。

③5～6人のグループで机を並べ，その中央にトランプを積み上げる。

②と同じゲームを「グループ活動」で行う。早く全部めくる競争にすると楽しい。

④黒板に1～10の数字カードを貼る。

Seven Steps♪の"1－2－3"の部分を"8－9－10"と置き換えて歌う（8～10の定着）。

1～10のトランプを使って，②，③の活動を楽しむ。

⑤各グループに，1～10までのトランプの赤と黒のセット（たとえばハートとスペードの各1～10のカード）を配り，七並べの要領で「十並べ」をする。

自分のカードを出すときには必ず「数」を英語で言う。

基数 11・12（参考13～20）

＜指導例＞

①模造紙大に拡大コピーした「ナンバー・チャート」（Number Chart）と，各マスと同じ大きさの「色数字カード」（2，7，11，12，20）を用意する。模造紙に重ねて貼るので，数字カードの裏面に貼るマグネットは，少し大きめのものを使用する。

ナンバー・チャート

緑のカード
7 11

青のカード
2 12 20

②「ナンバー・チャート」のプリントを児童に配付する。

既習の1～10までの数字を大きな声で言いながら，鉛筆でマスに数を書き入れさせる。

教師：Let's say and write from one to ten.（ジャイアント鉛筆を見せながら言う）

③既習の色を使い，「色塗り」で数の学習をする。

児童に「7のマス」を緑に塗らせる。教師は「7の色数字カード」をマスに貼る。

 教師：Pick up your green pencil.（緑のジャイアント鉛筆を見せながら言う）
    Color 7（with your）green（pencil）.

④サッカーの日本代表チームの写真などを見せながら，児童と一緒に選手の数を数える。導入したelevenを，児童に繰り返し言わせる。

 教師：Let's count the players.（児童と一緒に）One, two, three……eleven.
 児童：Eleven, eleven, eleven.（[v] のところで図2の「リス君」を指して注意を喚起）

⑤"eleven"のマスを③と同じように緑に塗らせる。

⑥教師は「7（セヴン）」と「11（イレヴン）」を指しながら児童が耳慣れたコンビニの「コマーシャル」を歌い，視覚的には「緑」で結びつけて定着させる。「11」の導入・復習に関しては，児童が歌を聴けば踊りだすほどの人気サッカーアニメ『イナズマイレブン』に言及するのも効果的。

⑦11の場合と同様に，児童に2と12のマスを青く塗らせ，教師は該当するマスに青い数字カードを貼る。「2（トゥー）」の音から関連づけて，「12（トゥウェルヴ）」を覚えると，時計の時刻が言えるようになる。

［参考］20までの発展

・「20（トゥウェンティ）」も「2（トゥー）」の音から導入すると効果的。「20」を知っていると，西暦年が言える。

・「14，16，17，18，19」は，フラダンスのしぐさで踊りながら，1ケタの数に「ティーン」をつけて「体」で覚える。「13・15」も，教師の口真似をしながら，踊って覚える。

・口で数を唱えながら，チャートの残りのマスを埋める。最後に20のマスを青く塗る。

序数（ordinal numbers）

＜指導例＞

①模造紙に野球のフィールドの絵を描く（図11）。ピッチャー，キャッチャー，バッターなど選手の写真を新聞や雑誌から切り抜いて，各ポジションに貼る。1st 2nd 3rd のマグネット付き「序数カード」を作っておく。

②模造紙を黒板に貼り，一塁から三塁の英語の呼び方を児童に言わせる。

 教師：What's this?（一塁を指して）
 児童：ファースト。
 教師：Yes. First.

  （図2「リス君」を指して [f] の音を思い出させ，1st のカードを一塁の横に貼る）

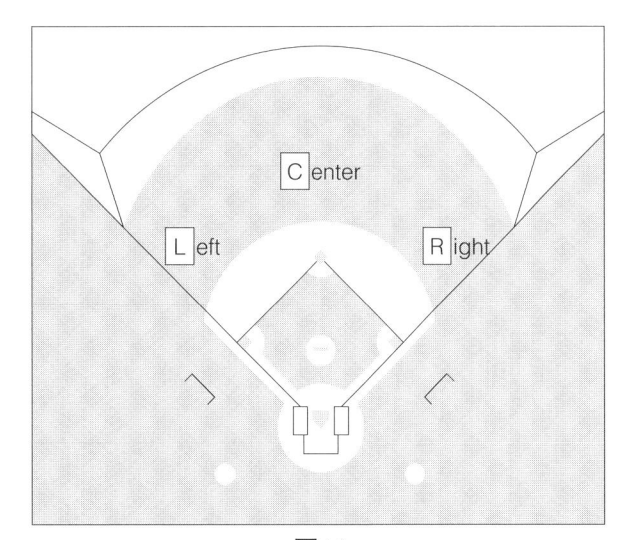

図11

③二塁，三塁に関しても同様のQ&Aを繰り返す。

サードでは図1「θのモデル」を指して復習をする。「序数カード」のアルファベット文字に関しては，ここでは特に説明の必要はなく，基数との言い方の違いを視覚的にも印象づけるために使用する。

④4番目以上の序数は，5番目（fifth）を除いて，基数を唱える度に図1「θのモデル」を指して［θ］を加えれば簡単に言える。9番目まで言えると，野球選手の打順に使える。

(5) 形（shapes）

「形」は，チャンツを使って導入します。右に示した形のビンゴ版（図12）は，英米の幼児が最初に学ぶ9つの形を使ったものです。これらの形は，「チャンツ」の基本である「2音節」「3音節」「1音節」「1拍休止」で構成されていて，児童になじみのある順に1～9までのマスに並んでいます。

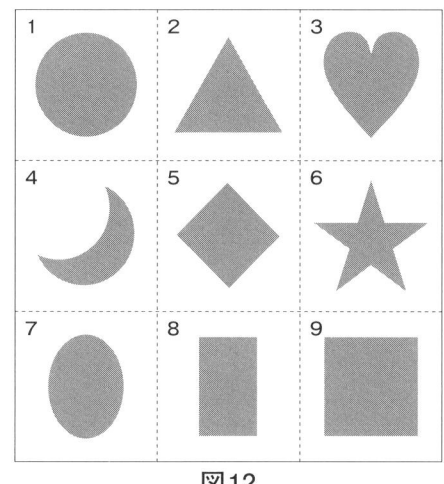

図12

導入にあたっては，これらの「形」を順に全部取り上げる必要はありません。まず児童がカタカナ英語で知っている身近な「形」から取り上げます。音楽の時間に使う「トライアングル」をたたいて「三角形」を，トランプの「ダイヤ」を見せて「ダイヤモンド」を，クリスマス飾りの「星」を見せて「スター」を思い出させます。お母さんが幼児に言葉を教えるときのように，初出の単語は必ず実物（形）を見せながら発音することが大切です。「目と耳と口」は常に同時に使いましょう。

1つの形を習得したら，その形を「ビンゴ版」の中から探し出し，好きな色に塗る活動をします。形の識別という，他の教科につながる基礎訓練にもなります。

すべての形を同時に教える必要はありません。児童の様子や，学齢に沿って難易度別にグループ分けして徐々に取り上げていきます。

「チャンツ」を唱えて「体」で学ぶ

「ビンゴ版」の形を1段ずつ3つそろって習得できたら，チャンツの指導法に沿って，体を使って復習をするのも楽しく効果的です。

チャンツは，音節の数だけ手をたたいてリズムをとります。2音節は2回拍手，3音節は速く3回両手で両腿を打ちます。リズムがはっきりわかるように，異なる部位をたたきます。1音節と休止の「振り」には意味をもたせ，各番によって異なる動作をします。

<チャンツの例>（＊は1拍休止）
1番

Círcle, tríangle, héart, ＊　　　　　　"heart"（心臓）で右腕をまげて左の胸を軽く打ち，
Circle, triangle,　　　　　　　　　　＊で，左腕を右腕に交差させて右胸を軽く打つ。
Circle, triangle,
Circle, triangle, heart, ＊

2番

Créscent, díamond, stár, ＊　　　　　"star"（星）で，右手を上げてキラキラ星。
Crescent, diamond,　　　　　　　　　＊で，左手を上げてキラキラ星。
Crescent, diamond,
Crescent, diamond, star, ＊

3番

Óval, réctangle, squáre, ＊　　　　　"square"（四角四面の人）で右手，＊で左手の順
Oval, rectangle,　　　　　　　　　　に体の脇につけて，「キオツケ！」の姿勢をとる。
Oval, rectangle,
Oval, rectangle, square, ＊

一人かるた

「形」がわかるようになったら，「ビンゴ版」を切り分けて「絵カード」にし，机の上に並べて一人かるたをします。教師が"Star."などと形を読み上げ，その形のカードを各自が取ります。楽しみながら個々に復習をすることができます。

ビンゴ

さらに学習も進み，形の名前を唱えるだけでは物足りなくなった児童や，外国語活動の経験を積んだ高学年の児童には，「いろいろなビンゴ」で復習させます。「6マスビンゴ」「8マスビンゴ」「9マスビンゴ」用に，それぞれ絵カードが置ける「ボード」（1マスの大きさは絵カードより少し大きめにし，厚紙で作成）を用意しておくと，容易に各自の「ビンゴ版」が用意できます。さらに進んだ児童には，2語をつなげた「色＋形（"Pink star." "Red heart." など）」の上級「絵ビンゴ」も可能です。

<指導例>

「ビンゴ版」を破線に沿って切り離し，9枚の絵カードをつくる。

①教師が英語で言った形の絵カードを，ボード上の好きなマスに並べる。すべてのマスを絵カードで埋める（自分の好きな形を児童に選ばせてもよい）。

②ビンゴをする。教師の読み上げに従い，該当する絵カードを裏返していく。
　作業が困難な児童は，絵カードをボード上から取って机の上に置いてもよい。

③そろったら"Bingo!"という。

6マスビンゴ　　　　　　8マスビンゴ　　　　　　9マスビンゴ

上下どちらかの段の3枚が裏返ったらビンゴ。

上下どちらかの段の4枚，あるいは四隅の4枚，真ん中の4枚が裏返ったらビンゴ。どこをビンゴとするか，最初に決めておくのもスリルが楽しめる。

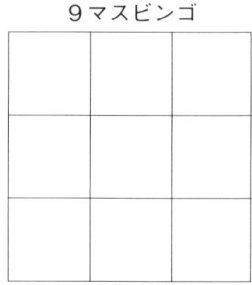

縦，横，斜め，いずれかの列の3枚が裏返ればビンゴ（通常のビンゴ）。

(6) 気持ち (feelings)

絵カードを使って導入します。

＜指導例＞

①絵で感情を表現した「気持ちカード」（マグネット付き）を作成する（P140参照）。

②黒板に「気持ちカード」を貼り，横に「数字カード」を貼っておく（数字の復習となる）。
　教師は表情豊かに，あるいは小道具を持って，大ぶりのジェスチャーとともに英語で「気持ち」を言い，児童にカードとマッチングさせる。答えはナンバーで言う。

③児童にカードの「気持ち」を身体表現させ，体得させる。
　Happyに分類したもの（例：fine, great, happy）には「にこにこマーク」をつけ，unhappyに分類したもの（例：sad, angry, hungry, thirsty）には「悲しい顔のマーク」をつけておく。

④Hello Song♪を歌う。"I'm fine" に入れ替えて，unhappyな気持ちを歌うときは，"I hope that you are not." と歌う。

※ファイル・ゼッケンに気持ちカードを挟んで首にかけると，「個人の気持ち」として "How are you?" にいろいろ答える「ごっこ遊び」ができる。

(7) 天気 (weather)

歌と絵カードを使って導入します。

＜指導例＞

①「天気の絵カード」（P140参照）を作成する（例：sunny, cloudy, rainy, snowy, windyなど）。

②黒板に「天気の絵カード」を貼り，横に「数字カード」を貼っておく（数字の復習となる）。

③Weather Song♪に合わせて，該当する天気のカードを児童がナンバーで答える。

④Weather Song♪をみんなで歌う。

⑤各天気の表現を口頭練習をする。その後Q&Aをする。
　教師：How's the weather?（天気の絵カードを指す。または "Number four." と言って，数字カードを指す）

児童：(It's) Sunny.

⑥ホームルームの時間に，毎日，その日の天気を言ってみると定着が早い。

(8)曜日，月（Days of the Week, Months）

歌を使って導入します。また，ホームルームの活動と関連づけを図ります。

歌で学ぶ

「月の名前」は，4月なら「エイプリル・フール」，5月なら新聞記事の「メーデー」などから関連づけて取り上げるのも効果的な学習方法です。

＜指導例＞

①Days of the Week♪の歌詞に合わせて，教師がマグネット付き「漢字曜日カード」 日 ～ 土 までを黒板に貼っていく。

②歌の練習をする。各曜日の発音練習もする。

ホームルームの活動と連動させて

「今日の情報ボード」（All-about-Today's Board）を用意します。ボードの場所を決めて教室に掲示し，「年月日・お天気・行事」に関して，カード（マグネット付き）を毎日貼り替えます。

学級担任制の小学校の特徴を生かして，毎日の決まった「ルティン・ワーク」として「英語」でホームルームを始めるのも，よい復習となります。「ようか（8日）」など，特殊な言い方をする日本語の「日付」を，ひらがなと漢数字を使って並行して示すと，国語の復習にもなります。

年…… 2010 などのカードを用意する。年号の読み方は，4桁の真ん中で区切って，2桁の数として読む。（例：Twenty-ten.）

月……1月から12月までのカードを用意する。 January のカードには「お正月」， February には「豆まき」などヒントの絵をつけておく。外国の文化を学習したら，外国の絵もヒントに加える。

日……「序数カード」を使う。

曜日……「漢字曜日カード」または 月(Monday) のように併記したカードを使う。

天気……「お天気絵カード」を使う。

行事……雛祭り，こどもの日，ハロウィンやクリスマスの「絵カード」を使う。

これらのカードは移動式白板などに貼っておき，まず日替わりグループで活動し，徐々に日直が前に出てカードを選んで「ボード」に貼るようにします。最初は貼るだけでもよく，徐々に単語を言いながら，次には文で言うように，学級の進度にそって1年かけて定着させます。日本語の「ついたち，ふつか，みっか……」の言い方も学びます。

この活動は，英語や日本語の日付の表し方を学ぶだけではなく，「今のこと」は理解できても，「過去・未来」の概念が理解できない児童にも有効です。「数を順に動かす」ことによって，そうした概念を徐々に理解する助けとなるでしょう。

＜指導例＞

①教師：What day is it today?

　児童：It's Wednesday.（口で言いながら，所定の場所にカードを貼る。以下同じ）

②教師：What's the date today?

　児童：It's March 3rd, 2010.

③教師：How's the weather today?

　児童：It's fine.

④教師：What event do we have today?

　児童：Hina-matsuri.

(9) 体の部位（body parts）

歌を使って導入します。

＜指導例＞

① Head, Shoulders, Knees and Toes ♪の歌に合わせ，各部位を触って学習する。

　理科室から人体模型の「タッチクン」を連れてきて，触りながら歌うのも楽しい。

②「連想ゲーム」の手法で，「なるほど！」と定着させる。

　Head：サッカーボールを「ヘディング」して見せ，「頭で打つから"heading"」で「頭はhead」を納得させる。

　Shoulder：「ショルダーバッグ」を肩からつるして見せる。ついでに手で持つ「ハンドバッグ」から"hand"も導入しておく。

　Knee：膝近くまである「ニーソックス」を見せる。

　Toe：バレーを習っている児童から「トウシューズ」を借りて見せ，つま先で立って踊るための靴だから"toeshoes"と新しい単語の理解を助ける。

③「サイモンセッズ」のゲームを楽しむ。

3 おわりに

　スウェーデンの教育理念の一つに，「結果の平等」という考え方があります。例えば川があって，みんなが向こう岸に渡らなければならないとします。自力で泳いで渡れる子は泳がせ，浮き輪が必要な子には浮き輪を与え，泳げない子はボートに乗せます。それぞれの子に必要な部分を適切に補うことで全員が向こう岸に着く。こうすれば，全員がそれぞれに無理なく満足のいく方法で，同じ目標を達成できるというのです。

　「指導法の実践」の項には，泳ぎ切った子が向こう岸で他の児童を待っている間の「活動」も含まれています。みんなにそれぞれのペースでいろいろ「体験」させてあげましょう。かかわってこそ初めて身につくのです。「見て聞いて，歌って話して」みんな一緒

に楽しく英語を学びましょう。

(股野儷子)

＜参考文献＞

安藤隆男編　『特別支援教育の指導法』（講座　特別支援教育３）教育出版，2006

斎藤佐和編　『特別支援教育の基礎理論』（講座　特別支援教育１）教育出版，2006

藤田和弘，清野佶成編著　『教育・福祉・医療関係者のための特別支援教育読本』明石
　　書店，2009

前川久雄編　『特別支援教育における障害の理解』（講座　特別支援教育２）教育出版，
　　2006

第6章
特別支援外国語活動に役立つ教材・教具

　外国語活動では，体験的なコミュニケーション活動が望まれているので，教材・教具の役割が非常に大きくなります。授業で使用する教材・教具を事前に用意しておかなければならないので教師の負担が懸念されますが，『英語ノート』や市販のもの，身近な素材を活用することにより，その負担は軽減されます。また，児童のニーズにもっと合わせようとすれば教材・教具を自主作成することになりますが，一度，厚紙などで丈夫なものを作ってしまえば，その後何度も使用できるので便利です。

1　教材の種類と特徴

　授業の始めのウォーミングアップや，中盤で気分を変えたいとき，あるいは授業の終わりのクールダウンに，歌やチャンツを使ったり，授業の中心となる学習目標表現の導入やインタラクティブな活動には絵カードや実物を用いるなど，特別支援外国語活動においても五感を使った体験学習が望まれます。

　教材・教具にはさまざまなものがありますが，活動案に応じて適切な選択ができるように，以下に教材・教具を分類してその特徴をあげておきます。

視覚教材
視覚にうったえる教材で，テキストや絵本，辞典などの印刷教材です。

①**コースブック**……一定のカリキュラムに基づいて作られた段階別教材で，英語用テキストブック，ワークブック，教師用指導書や，CD-DA（デジタルオーディオ），カードなどがセットになったものが一般的です。文部科学省の『英語ノート』もコースブックといえるでしょう。

　（例）*English in Action, English in Wonderland, Let's Go, English for the World* など

②**テキストブック**……語彙，文型，日常会話，歌など特定のことを教えるための教材です。CD-DAやワークブックが付随しているものもあります。

　（例）*Songs and Chants with Pictures*，『英会話たいそうDansinglish』，『英語うたの絵じてん』など

③**ワークブック**……ゲーム，塗り絵などの作業をしながら，教師やお友達とコミュニカ

ティブな活動を通じて英語学習ができるように作られているアクティビティブックや，語彙や構文などの確認練習のための問題集や練習帳などです。

（例）『ABCの本』，『英語のゲーム音であそぼう』，『英語のゲーム文字であそぼう』など

④**絵本・挿絵の多い物語本・紙芝居**……絵で単語や会話，物語などをわかりやすくしていて，特定の表現の繰り返しがなされているものが多いです。CD-DA付きのものや，教室での学習に効果的なビッグブックになったものもあります。

（例）*The Three Little Pigs*, *The Three Billy Goats Gruff* などの**物語本**, *The Very Hungry Caterpillar*, *Brown Bear Brown Bear What do You See?*, *Who Stole the Cookies?*, *Teddy Bear*, *A Beautiful Butterfly* などの**ビッグブック**

⑤**絵辞典**……児童向けに意味を絵で示した辞典です。アルファベット順に編集されているものとジャンル別に編集されたものがあります。CD-DA付きのものもあります。

（例）『Word Book 絵で見て覚える英単語』，『音と絵で覚える子ども英語絵じてん』など

⑥**その他**……新聞，地図，生き物や乗り物などの図鑑，写真集などがあります。

（例）*The Blue Day Book for kids* など

聴覚教材

CD-DA（デジタルオーディオ），カセットテープその他の録音教材で，会話，物語，歌，チャンツのような内容が収められています。

①**会話**……2往復ぐらいの短いダイアログが録音されていて，絵や文字の視覚教材とセットになったものが一般的です。

（例）『みんなでHello会話編』など

②**物語**……物語を効果音やBGMを入れて録音しているものが多いです。絵本や物語本とセットになっているものが一般的です。

（例）『みんなでHello物語編』など

③**歌**……伝統的な遊び歌（マザーグース），童謡，詩などを録音しています。アルファベットや数，色，天気など特定の学習に結びつくものもあります。

（例）*Wee Sing* シリーズ，*Let's Sing Together*，『英語うたの絵じてん』，『はじめてのマザーグース』，『みんなあつまれ！はじめての子どもえいご　対象：4歳以上』，『みんなでHello歌編』など

④**チャンツ，早口言葉**……メロディはありませんが，英語のリズム，強弱，イントネーションが学習できる教材です。

（例）Who Stole the Cookies from the Cookie Jar ♪, Pease Porridge Hot ♪, Five Little Monkeys ♪ などのチャンツ，She sells Sea-Shells のような早口言葉

映像教材

　DVD，ブルーレイディスク，ビデオカセット，CD-ROMなどに，英会話，物語，発音，動作などの動画が録画されている視聴覚教材です。

①**英会話**……英語を使う場面がリアルに提示されます。代理経験が得られる教材です。

　（例）『えいごリアン』Ⅰ・Ⅱ・Ⅲ，『小学生の基礎英会話』など

②**物語**……動画に効果音やBGM，字幕などが入り，動きも入るので，絵本とはまた違った新鮮味があり，より臨場感豊かに楽しむことができる教材です。

　（例）『英語お話紙芝居』1〜5，『おはなしえいごリアン』など

③**発音**……ABCやしゃべるときの口をクローズアップしていて，口の開き方や舌の位置など，口の動きがよくわかります。

　（例）『DVDでフォニックスⅠ たいそうでフォニックス』など

④**動作**……動きのあるものや動作などの意味と音の結びつけがしやすくなります。場面も多様に提示できるので，理解が促されます。

　（例）『英会話たいそうDansinglish』など

ICTを使った教材

　ICT（Information and Communication Technology，情報通信技術）を活用して得た情報を，視覚的な教材，聴覚的な教材，視聴覚的なマルチメディア教材として利用できます。ICT教材を使って，リスニング活動，スピーキング活動，リーディング活動，ライティング活動の中の1つに焦点を当てた活動もできますし，四技能を総合的に使った活動もできます。四技能の育成に対応した総合メディア教材です。

　（例）Touch and Learnなど

教具類

①**カード類**……色カード，数字カード，アルファベットカード，果物・野菜・文具・建物などの絵カード，マッチングカード，ビンゴカードなど，市販のものも多くありますが，活動の目的に合わせて自主作成することも多い教具です。『英語ノート』の学習内容に合わせたものも豊富に市販されています。

　（例）『英語ピクチャーカード』Ⅰ・Ⅱ・Ⅲなど

②**ポスター類**……色，数，アルファベット，食べ物，動物，体の部位，表情，街並み，世界地図と国旗など，さまざまなポスターがあります。壁に貼ったり掛けたりするものでは，ほかに，写真や掛図，カレンダーなどがあります。

③**ゲーム類**……ゲームのルールを用いて活動にゲーム性をもたせ，楽しい活動にすることができます。サイモンセッズのような命令ゲーム，カルタ，トランプ，ビンゴ，オセロ，「はしごとへび」の双六シート，ツイスターゲーム，ジグソーパズルなどが利用できます。ゲームに用いるトランプやサイコロなどは，通常サイズより大きいサイズのものが市販で手に入ります。

(例)『みんなでHelloゲーム編』,『みんなあつまれ！小学生のえいごタイム　小学校1－3年編』など

④**実物・模型**……立体的で，実際に触ることやにおいを嗅いだりすることができるので児童にとっては楽しい教材です。児童の身の回りにある文房具や衣服などの実物や，ぬいぐるみ，おもちゃ，果物や野菜，時計などの模型がよく用いられます。

⑤**その他**……ペープサート（人物や動物の絵を描いた紙に棒をつけたもの），新聞紙，広告，紐など，身近にあるさまざまなものが，アイデアしだいで教材・教具として利用できます。

2　特別支援外国語活動での教材選択の留意点

(1)教材・教具の選択の留意点

効果的で楽しい活動にするため，教材を選ぶときは，児童のレベルに合ったもの，学習目的に合ったもの，国際理解を配慮したもの，そして，扱いやすく丈夫なものを選ぶことが大切です。具体的には，以下のような教材を選ぶとよいでしょう。

①**わかりやすい教材**

学習の目標が児童にはっきり伝わることが大切です。きちんと学習目的がわかることで安心して活動に取り組むことができるからです。あまり複雑でない，意味がはっきり伝わるシンプルな教材を選びましょう。

②**児童の実態（レベル，ニーズ，興味・関心）に合ったもの**

児童の障害は，個々に違い，障害レベルも違います。したがって，児童の発達の段階や障害の特性を理解したうえで，児童一人一人の実態に合った教材・教具を選ばなければなりません。意味と音を結びつけるためには，例えば，実物・模型や写真のような具体物を使用したほうがよいか，記号やサインなど抽象的なものも活動に取り入れることができるのかは，児童に合わせて判断しなければなりません。

③**写真・絵・イラストなどの多いもの**

高機能自閉症・アスペルガー症候群の児童は視覚が聴覚よりも優位であるように，児童は障害によって，聴覚が優位であったり，視覚が優位であったりします。また，視覚的に色は認識できても，形は認知できなかったり，形と意味を結びつけることができなかったりもします。対象の児童にわかりやすいものを選びましょう。

④**楽しく体感できるもの**

絵（カード）を見て英語を聞いて上手に言えていても，実際にそれがどんな意味であるかを理解できていない場合もあります。そのような場合は，体を使って実感できることが大切になってきます。

以上をまとめると、以下のような教材・教具が学習の初期段階では効果的です。

・はっきりした色調のもの
・人物のあるイラストを使用したもの
・抽象的な記号やサインよりも、写真や写実的で具体的なイラストを使用したもの
・意味と直接結びつく実物や模型
・動作を促すリズムのある歌やチャンツ

(2) 各教材・教具に対する留意点

各教材・教具の選択で特に気をつけるべきこと、ならびに活用方法と配慮を要する点について、以下で述べます。

同じ言語材料を扱っていても、用いる教材・教具を変えると、活動が違うものになり変化がうまれます。さまざまな教材・教具を活用して活動をマンネリ化させないで、児童が飽きることなく活動に参加し、体や五感を使って楽しく学習ができるようにしていきましょう。

視覚教材

①コースブック、テキストブック

子どもが使う会話表現、言いたい英語表現、対象の児童に負担のない長さのダイアログ、それを使ったコミュニケーション活動の場面などが楽しくわかりやすく提示されていて、音声教材や視聴覚教材が付随されているものが、使いやすいです。

【活用上の留意点】
・**字体**……児童が書き写すことも考えて、児童が書きやすい字体を選びましょう。提示する文字は、視覚障害をもっている児童がいる場合は、ゴシック丸字が認識しやすいです。
・**ダイアログ・場面**……児童がコースブックやテキストブックを直接使うチャンスがなくても、コミュニケーション活動に使うダイアログやその使用場面設定の参考や資料となります。
・**ロールプレイやスキット（寸劇）**……短いダイアログを使って、お買い物ゲームのようにロールプレイをしたり、スキットにして楽しんだりしましょう。

②ワークブック

楽しく作業できるもの、その作業に達成感があるものを選びましょう。そして、児童が同じことをただ繰り返すだけでなく、作業の過程で児童自らの気づきや学びがあるように配慮・工夫がされているものが望ましいです。気づきの有無は児童によりますが、それは児童のレベルに合わせることになります。また、児童が自ら発見したことは、本当にほかの人へ伝えたいことになり、心からの発信になります。教師にさせられている

のではない，自発的なインタラクションのある活動が期待できます。
③絵本・挿絵の多い物語本，紙芝居
　描かれている絵やイラストがはっきりしていて色の鮮明なものが，児童にとってわかりやすいです。使われている英語表現の中に繰り返しの言い回しがあると，リズムができ，児童にとっては楽しく親しめます。また，始まりから終わりへとストーリー性のあるものが，教師にとっても，絵本を使った活動をうまくまとめて終わらせることができるので，使いやすいです。

> 【活用上の留意点】
> - **読み聞かせ**……語りかけ方や声の表情に気をつけ，児童がストーリーを楽しめるようにします。また，児童が気づいたことを拾い上げてあげましょう。
> - **児童が一緒に読む活動**……児童への語りかけ方の調子を変化させたり質問をするなどして，児童から声が出やすいように誘いながら読み，児童からの発話を待ちましょう。
> - **Q&A**……ストーリーにそって，YES/NOの質問，A or Bの選択質問など，児童のレベルに合わせて質問の難易を変えた質疑応答を行い，ストーリーの理解を深めるとともに，児童に「答えられた」という自信と喜びを与えられるようにします。児童が答えられるようであれば，whatやwhoなどの疑問詞を使って簡単な質問にしてもよいでしょう。
> - **絵本の中の絵の利用**……絵本の中の絵を使ってカルタをしたり，各場面の絵を児童が塗り絵したり描いたりすることも楽しい活動になります。また大きな場面ごとに絵カードがあれば，順序不同に置かれた絵をストーリーにそって順番に並べてみる活動もできます。
> - **日本語の絵本の利用**……教師は，"What is this?" "Whose is this?" などの簡単な英語表現で語りかけるだけで，活動を進めていくことができます。

④絵辞典
　関連語彙を集めたジャンル別の絵辞典は，活動に使う単語を一度に複数見つけることができ，その状況場面のイラストもあるので，使いやすいです。
⑤ポスター
　外国製のポスターも市販されています。日本製のものは，日本の児童用に配慮されて作られています。外国製のものは，外国の文化も伝えていて国際理解にも活用できるものがあります。学習のねらいに合わせて，選択してください。

聴覚教材（音声教材）
　音声がはっきり聞こえる録音状態のよいものを選ぶことはもちろんですが，心が軽くなり体を思わず動かしたくなるような，リズムにのって楽しめるものを選びましょう。児童の障害レベルや学習レベルによっては，言葉の意味と音や絵とがなかなか結びつきにくい児童がいますが，その場合，聞こえてくる音をまず楽しめるようにしてください。
①会話
　英語の自然なイントネーションや強弱があり，表情豊かに吹き込まれているものを選

びましょう。

②歌

児童が楽しむことができる適切なスピードのものを選びましょう。

歌は児童の気持ちの切り替えにも使えます。授業の始めに歌を使えば，英語の授業への気持ちを切り替えることができますし，終盤に使えば，クールダウンに使え，授業のまとめに入りやすくなります。また，授業の中で各活動のつながりがあまりないような場合にも，間に歌を入れることは有効です。

【活用上の留意点】
- **動作より先に音**……大きな動きをともなう歌は，まず聞かせましょう。音と一緒に動作を入れると，音を聴くチャンスを逃してしまいます。
- **歌詞より先に音**……歌詞を見せる前に，たっぷり音を聞かせておきましょう。曲を楽しみ，音声に注目するようにします。
- **とっておきの歌**……一曲でいいですから，自分の好きな歌をみつけて歌えるようにすると教師の大きな助けとなります。歌が苦手な教師は，自分は歌わなくても，児童に音声教材を利用し何度も聞かせるだけでも児童は歌うようになりますが，何か一曲，「これなら歌える」という歌を持っておくと，歌がプレーヤーから流れないという困ったときに，慌てないでその歌で乗り切ることができ，授業の流れも変えないですみます。

③チャンツ・早口言葉

表現が単純で，児童が口ずさみやすい長さのものを選びましょう。児童の一息の長さで言え，音の変化や強弱を楽しく味わえるものがよいです。日本語の拍のとり方で言うのでなく，英語の強弱やリズムで言うように気をつけなければなりません。また，繰り返し出てくるアルファベットの音がどのように発音されているかに気づかせ，その音を出すことを楽しみましょう。

映像教材

視覚と聴覚など，多感覚的に情報が与えられます。しかしながら，情報量が多すぎて，学習目標が明確に児童に伝わらない場合があります。教師は事前にチェックして，児童が視聴する箇所や長さ，あるいは同じテーマならば，どのビデオやDVDを選択するのがいいかなどの情報のコントロールが必要です。

ICT教材

教師は，ICTを使って得られた情報を外国語活動のねらいにそって整理して，児童に提供するようにします。最近はインターネットを通じて，映画や音楽，最新のニュースなどさまざまなものを手に入れることができますし，児童の調べ学習に役立ちます。児童から情報の発信をすることもできるのでインタラクティブな英語学習が期待できます。

また，PCと電子黒板を活用すると，クラス全体で新たな活動ができるようになります。PCを使った会話などの学習では，自分の習熟度に合わせて教材選択ができ，自分のペー

スで学習を進めていくことができます。学習者の発話に対して，応答したり，発音チェックをしたり，記録したりする活動が可能です。さまざまな活動が可能なので，学習の目的や活動のねらいを忘れないようにしましょう。

教具類

①絵カード

ビンゴゲーム，マッチングゲーム，推測ゲームなどいろいろな活動で，絵カードが活躍します。

○**具体的な絵やイラスト入りのカードを選ぶ**……児童は必ずしも「絵＝意味」と直結していないことがあります。例えば，雲の絵カードを見て"cloudy"と言えても，その絵が「曇り」という意味であることを理解していない場合があります。そのような児童にとっては，使用しようとしているカードの絵やイラストが，抽象的でなく具体的に意味を表しているものである必要があります。児童の能力レベルに合わせて，実写性や具体性の適切さを判断して，絵カードを選択してください。

○**単数・複数のカードを用意する**……日本語には，英語のように名詞に単数・複数形がありません。英語活動のためには，単数の絵のカードと複数の絵のカードを用意しましょう。そして，口頭で言う単複と一致したものを選ぶようにしてください。"I like dogs."を言うときは，絵カードの犬は一匹ではなく数匹いるカードを用意しましょう。

【活用上の留意点】

・**意味と音の結びつけ**……絵カードを見て言える児童でも，音と意味が結びついているかを確認する必要があります。単にオウム返しに言えているだけかもしれません。もし音と意味が結びついていなければ，体感させたり，言葉の意味に結びつく的確な使用場面に出会う機会をつくったりして，意味と音の結びつけをする必要があります。

・**カードの提示方法**……カードは，提示の仕方をちょっと工夫すると，活動が楽しくなり，活動が活発になります。日本語ですでに知っているものでも，絵を全部見せるのではなく，チラッと見せたり部分的に見せたりして"What is this?"と問いかければ，児童に「何だろう？」という興味を喚起することができます。そして，"What is this?"の意味とそれを使う本来の使用場面を提示できます。見せ方はさまざまありますので，提示方法を変えるだけで，同じカードで違う活動になりマンネリ化を防ぐことができます。

（例１）ちらっと見せ

・２枚重ねて下のカードの絵を一部分見せる。見せる箇所，その順序などは，絵によって事前に考えておきましょう。

・スリットや穴のあいているパッドを絵カードの上に置いて動かしながら，下のカードの絵を見せます。

（例２）早見せ

・カードを，素早く，上下あるいは左右に動かす，あるいは回転させながら見せます。

> （例3）見せ隠し
> ・黒板などに貼って見せていたものを取り除いて，"What is missing?"
> ・裏返して，"What is this?"
> ・頭上にかざして，"What is this? Hints, please."

②実物・模型

　実物や模型を使うと真実味や現実味が出てくるので，例えば落とし主探し，持ち物さがし，ショーアンドテルなどでは，聞き手の注意をより引き出すことができます。視覚や聴覚ばかりでなく，触覚，嗅覚，味覚など五感にうったえる活動ができます。扱うものが万が一耐久性の低いものであっても「大切に扱う」ということも学ぶことができますが，実物や模型で五感を十二分に生かした活動をしようとするならば，使用する実物や模型には耐久性が求められます。

3　自主作成の教具

(1)カード類

　学習のねらいや活動内容に合わせて，作成することの多いのがカード類です。自主作成のカード類の中で，いろいろな活動に使えるものを紹介します。

①絵カード
- **教師用と児童用のサイズとイラスト**……A3，B4，A4，B5サイズのように大きめの教室用カードとトランプくらいの児童が扱いやすいサイズのカードの2種類を用意し，絵は同じものにすることが望ましいです。イラストのタッチや色調が異なると児童が混乱します。
- **カードの裏の色と形**……裏の色を黒などにして表の色と変えたり，形を四角ばかりでなく丸にしたり，表の絵やイラストの形にそって大まかに切ったりすると，「なんだろう？」と児童の興味をいちだんとそそることができます。
- **色画用紙の利用**……児童用のカードは，セットごとに台紙の色を変えて作ると，片づけるときに色で集めればいいので，時間をかけないですみます。また，言語材料ごとに色を変えると，該当の絵カードを示すときに，教師にとっても児童にとっても正誤の判断がしやすいです。

（例）果物，野菜，食べ物，動物，文房具，天気，曜日，月，感情表現などの絵カード

②色カード
　円形の黒色画用紙と，一回り小さい円形の色画用紙や折り紙を用意します。マグネットが両面に効くように，2枚の間に挟んで画用紙を貼り合わせると，色を見せたり裏返

して色を隠したりした活動ができます。カードは円形にすることによって，置く向きによって形の違いが生じず，不必要な情報がなくなります。

　CDディスク（直径12cm）の大きさがあれば，クラス掲示用として十分です。また，もっと小さいサイズで，裏表の色を変えて，9枚，16枚，あるいは25枚作っておくと，ビンゴやオセロゲームに活用できます。

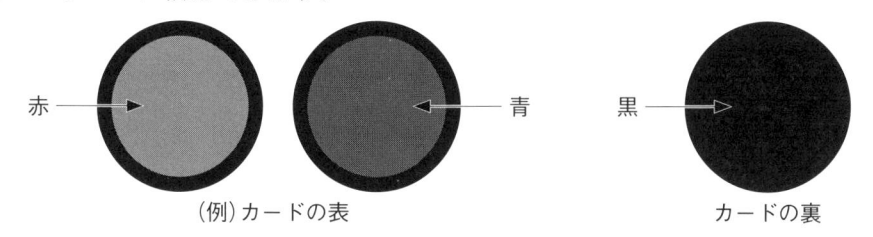

赤　→　　　　←　青　　　　黒　→

(例)カードの表　　　　　　　カードの裏

(2)身近にあるものの活用

①空き箱

　身近にある箱で，中に入っているものを推測するのに使用する「はてな？」ボックスを作ることができます（P47参照）。箱の側面を黒くしたり，「？」マークを書いておくと児童の興味が一段と湧いてきます。箱の代わりに，袋や手提げ，風呂敷などでも中身を見えなくすることはできます。「何かな？」と児童が思えるような教師の演出があれば，どのような入れ物を使ってもワクワクする活動になります。

②牛乳パック

　最近は100円ショップで大きめのサイコロも見かけますが，牛乳パックを使うと，一辺7cmのサイコロができます。

③新聞紙やチラシ

　新聞紙を丸めたり破いたりして，動物などのさまざまな形を作ります。できるだけ長く破いていって，長さ比べをすることもできます。

　スーパーのチラシは値段比べ，色さがし，食べ物の表現，マンションや戸建のチラシは家の中の身近なものの表現や数など，チラシもさまざまな活動に利用できます。新聞やチラシの中から，アルファベットを探したり，身近な英語を見つけ出したりすることもできます。

(3)コミュニケーション支援ボード

　言葉によるコミュニケーションに困難のある人々の地域生活の支援のために，コミュニケーション支援ボード（communication support board）があります。ボードには，さまざまな場面のイラストと，それを表現する言葉がかかれています。また最近は，イラストの下に日本語ばかりでなく，英語，韓国語，中国語も表記されています。学習のねらいに合うように工夫すれば，外国語活動に活用できる教材・教具となります。

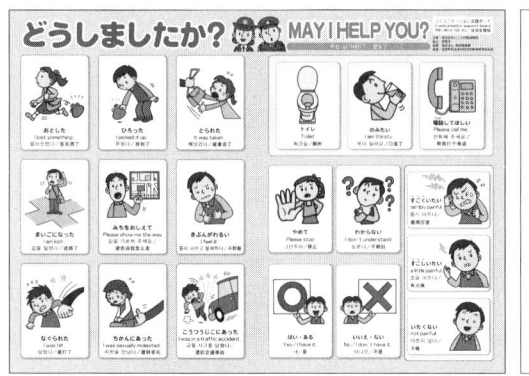

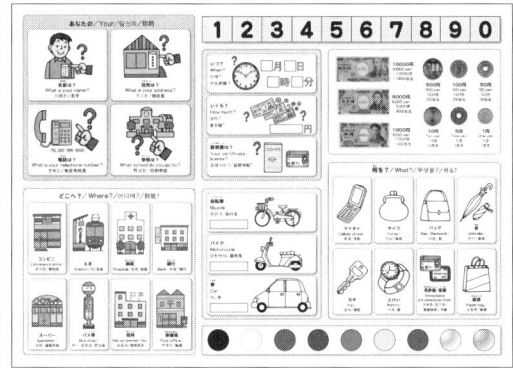

場面例　名前・住所・電話番号・学校の場所など学校外で迷ったとき
　　　　行きたい場所，時間，お金，乗り物，持ち物，何に困っているかなど

※コミュニケーション支援ボード（明治安田こころの健康財団）……上記は警察版。このほかに汎用版と救急用があり，HPからダウンロードできる。http://www.my-kokoro.jp/communication/index.shtml

(4) マカトンサイン

児童が記号やサインと意味を結びつけることが可能であれば，マカトンサインを取り入れた活動も有効でしょう。マカトンサインとは，手話をもとにして，ことばや精神発達に遅れのある人の対話のために考案されたコミュニケーション法である「マカトン法」で用いられる手指による動作表現のことです。核になる語彙は，日常生活で頻繁に使われる言葉を中心に選ばれていて，そのそれぞれに動作表現がついています。抽象的なサインが少なく，提示法も口語文法の語順と一致するので，マカトンサインを使用することでコミュニケーションがよりとりやすくなります。

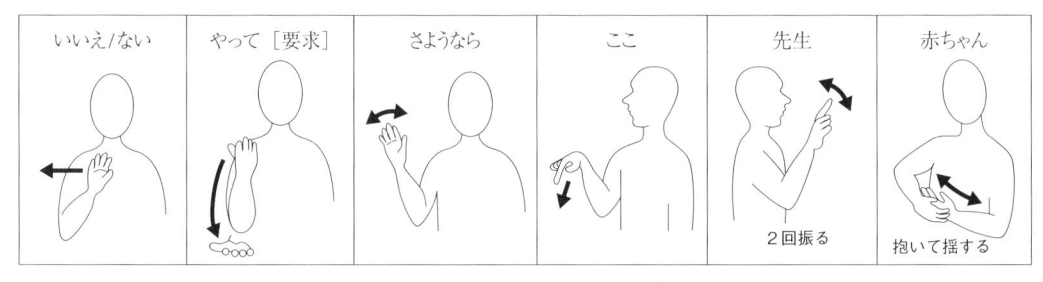

（マカトンサイン例）「マカトン・サイン核語彙」日本マカトン協会より

4　学習内容に合わせて使用できる絵や歌・チャンツ

絵本や歌の中には，文章や歌詞の中に，授業の学習表現が多く用いられているものがあります。それらを学習内容に合わせて活用すれば，授業活動に多様性が生まれ，より活発な授業にすることができます。

(1)絵本の例

Actual Size Steve Jenkins（動物）

Baby Einstein The ABCs of Art Julle Aigner-Clark （アルファベット高学年）

A Beautiful Butterfly Mikiko Nakamoto & A.P. Pascal（色，果物）

The Big Bigger Biggest Book SAMi （形容詞）

Brown Bear, Brown Bear, What do you See? Eric Carle（色，動物）

Color surprises: A Pop-up Book Chuck Murphy（色，動物）

Cookie Count a Tasty Pop-Up Robert Sabud（数）

Green Monster, Go Away! Ed Emberley（色，身体の部位）

Dear Santa Rod Campbell（行事：クリスマス，形容詞）

From Head to Toe Eric Carle（動物，動作，I can do it.）

Ketchup on your Cornflakes? Sharrott, N（Do you like……？）

My First Easter Tomie dePaola（行事：イースター）

My Pet Mikiko Nakamoto & Ryoko Fujikawa（形容詞）

One to Ten Pop-Up Surprises! Chuck Murphy（数）

Opposites: A Pop-Up Book Robert Crowther（形容詞）

Spot's First Christmas Eric Hill（行事：クリスマス）

Teddy Bear Mikiko Nakamoto & Hideko Kakegawa（身体の部位）

The Twelve Days of Christmas: A Pop-up Book Robert Sabuda（行事：クリスマス）

The Turnip Sarah Ann Nishie（家族，数）

The Very Hungry Caterpillar Eric Carle（曜日，食べ物，色，数）

What can You Do Mikiko Nakamoto & Hideko Kakegawa（can）

What Is Halloween? Claire Schumacher（行事：ハロウィン）

What's the time, Mr. Wolf? Colin Hawkins（時間）

Where's the Halloween Treat? Harriet Ziefert（行事：ハロウィン）

Where is Spot? Eric Hill（前置詞）

Who Stole the Cookies? Mikiko Nakamoto & Hideko Kakegawa（動物，who，チャンツ）

『かお　かお　どんなかお』　柳原良平（顔の部位，感情）

『くだものなんだ』　きうち　かつ（What is this? / What fruit is this?）

『だれの自転車』　高畠純（whose）

『やさいのおなか』　きうち　かつ（What is this? / What vegetable is this?）

『やさいのせなか』　きうち　かつ（What is this? / What vegetable is this?）

The Blue Day Book シリーズ（動物，表情）　※写真集

(2) よく歌われる歌，学習に役立つ歌

ABC Song（アルファベット）
Action Colors（色，動作）
Bingo（アルファベット）
The Bus Song（動作）
The Days of Week（曜日）
Do-Re-Mi（音階）
The Farmer in the Dell（家族）
Good-Bye Song（あいさつ）
Happy Birthday（行事：誕生日）
Head, Shoulders, Knees and Toes（体の部位）
Hello Song（あいさつ）
Hello Song（flag）（世界のあいさつ）
Hickory, Dickory, Dock（時刻）
Hokey Pokey（体の部位，動作）
Hot Cross Buns（手遊び歌，行事：イースター）
If You're Happy and You Know It（動作）
Jingle Bells（行事：クリスマス）
London Bridge（動作）
Old McDonald Had a Farm（動物，鳴き声）
Puff, the Magic Dragon
Row, Row, Row Your Boat
Seven Steps（数）
Sing a Rainbow（色）
Take Me Home, Country Roads（メロディが親しみやすい）
Teddy Bear（動作）
Ten Fat Sausages（数）
Ten Little Witches（数，行事：ハロウィン）
This is the Way（曜日，動作）
Twelve Months（月）
Twinkle, Twinkle, Little Star（メロディが親しみやすい）
Weather Song（天気）
We Wish You a Merry Christmas（行事：クリスマス）
Wheels on the Bus（動作）

(3) ちょっと面白いチャンツ

One Potato（オニ決め）
Pease Porridge Hot（手遊び）
Five Little Monkeys（動作）
Hot Cross Ban（オニ決め，手遊び）
Who Stole the Cookies from the Cookie Jar?（動作）

（佐藤玲子）

　岡山県立岡山東支援学校の阿部眞守校長先生には，特別支援教育について多くのことを指導していただきました。感謝を申し上げます。

＜参考文献＞
伊藤嘉一『小学校英語学習レディゴー』ぎょうせい，2000
伊藤嘉一『小学校英語学習指導指針』小学館，2004
伊藤嘉一「小学校教師が外国語活動を行うための自己研修教材の開発」平成21年度財団法人「文教協会」委嘱研研究
江戸川区立二之江小学校「心豊かに積極的にコミュニケーションを図ろうとする子供の育成—ALT(JTE)とHRTでつくる英語活動の推進—」平成20，21年度研究紀要
第10研究グループ『語研ブックレット3　小学校英語—子どもの学習能力に寄り添う指導方法の提案—』財団法人語学教育研究所，2010
中本幹子『実践家からの児童英語教育法　実践編AB』アプリコット，2003
『日本版　マカトンシンボル集』日本マカトン協会

＜本章で紹介したおもな教材＞
久埜百合　*English in Action*　ぽーぐなん（児童英語教材）
久埜百合　*English in Wonderland*　ぽーぐなん（児童英語教材）
Lets Go　Oxford Univ Pr (Sd)
文部科学省『英語ノート』1・2
Songs and Chants with Pictures　1・2，MPI（本，CD）
松香洋子『英会話たいそう Dansinglish』MPI
三省堂編集所『親子でうたう 英語うたの絵じてん』三省堂キッズセレクション
久埜百合著『ABCの本』ぽーぐなん（児童英語教材）
下薫『英語のゲーム 音であそぼう』三省堂キッズセレクション
下薫『英語のゲーム 文字であそぼう』三省堂キッズセレクション

久埜百合『Word Book 絵で見て覚える英単語』ぽーぐなん

久埜百合ほか『音と絵で覚える子ども英語絵じてん』1・2，三省堂ワードブック

ブラットリー・トレバー・グリーヴ『The Blue Day Book for kids—落ち込む日ってあるよね？—』竹書房

Pamela Conn Beall & Susan Hagen Nipp, *Wee Sing* シリーズ, A price Stern Sloan Classic

阿部恵子編　*Let's Sing Together*　アプリコット（CD）

レイモンド=ブリッグス著，百々佑利子訳『はじめてのマザーグース -Ring-a-Ring o'Roses』ラボ教育センター

粕谷恭子『みんなあつまれ！はじめての子どもえいご　対象：4歳以上』アルク，2003

伊藤嘉一監修『みんなでHello』歌編・会話編・物語編・ゲーム編，内田洋行（小学校英語CD教材）

Let's Chant, Let's Sing, Oxford Univ Pr

Melanie Graham & Stanton Procter, *Songs and Chans,* Langman

『えいごリアン』Ⅰ・Ⅱ・Ⅲ，NHKソフトウェア（DVD）

『英語お話紙芝居』1〜5，内田洋行（DVD）

『おはなしえいごリアン』いずみ書房（DVD）

『DVDでフォニックスⅠ たいそうでフォニックス』MPI

松香洋子『英会話たいそうDandinglishi』MPI

電子黒板対応小学校英語教育支援プログラム「Touch and Learn」安川情報システム

佐藤玲子監修『英語ピクチャーカード』Ⅰ・Ⅱ・Ⅲ，内田洋行（小学校教材）

佐藤令子『みんなあつまれ！小学生のえいごタイム　小学校1—3年編』アルク

第6章　特別支援外国語活動に役立つ教材・教具

第1部　理論編

第7章
特別支援外国語活動の活動モデル

　本章では，特別支援を必要とする児童が実際に外国語活動に積極的に参加し，それを楽しめるような活動案（活動のモデル）をいくつかあげます。
　ポイントは次のようになります。
1）毎回の活動に「繰り返し」のできる活動を入れ，児童が安心して活動できるようにする。そのうえでゆとりをもって新しい活動を取り入れる。
2）児童同士が競い合うよりも，個人個人で取り組む活動を中心とする。
3）児童全員が「できた！」という達成感を得られるような活動にする。

　これらの活動案は，「このまま」「最初から最後まで」1回の授業で行わなければならないものではありません。児童の実態に応じて，あるいはクラスの状況に応じて，部分的に扱ったり途中までで終わらせたりすることができます。あるいは，活動（ゲームなど）のルールを児童の実情に応じて変更するなどの，柔軟な活用も大切です。

　だれが指導をするかという問題についても，学校によってさまざまな事情があります。クラスの担任教師（HRT）のほかに外国人教師（ALT）や日本人英語教師（JTE）を頼めるかどうかは，学校や地域（自治体）による差が大きいのが実情です。そこで，本章ではHRTが中心となって授業を進める場合を想定して活動案をつくってあります。HRTが複数の場合もありますし，それに加えて支援のための指導者がいる場合もあります。そのような場合は，役割分担をあらかじめ決めてから授業に入るとスムーズに進みます。

　活動案は，1時限（45分間）の授業を前提としています。45分の実施がむずかしい場合などには，20分と25分に分けて週に2回外国語活動を行う，15分のモジュールを導入するなど，各学校（学級）の実態に応じて進めることが考えられます。

　さらに，本章にはさまざまなテーマにそった活動案をあげてあります。活動案中にある「T」は教師（teacher），「S」は児童1人（student），「Ss」は複数の児童を示します。《おもな表現》の「*」は，児童が聴いてわかればよい表現です。

あいさつをしよう

1．本時の目標（ねらい）
○あいさつに親しみ，英語の音声やリズムを楽しむ。
○自ら楽しく活動に参加する。

≪おもな表現≫　Hello.　Here you are.　Thank you.　I'm ＿＿＿＿（自分の名前）.

2．活動案

子どもの活動	教師による支援	教材・教具
1．始めのあいさつをする ●大きな声であいさつをする。 ●Hello Song♪を歌う。	・教師，指導者全員が児童の中に入って支援する。	【CD】 Hello song
2．ネームタグを受け取る ●教師が児童の名前を呼び，次のような会話をしてネームタグを渡す。 　T：Hello. 　S：Hello. 　T：（渡しながら）Here you are. 　S：（受け取るときに）Thank you.	・"Thank you."と言えない児童には，教師が小声で教える等の支援をする。教師はしっかりと"Here you are."と言いながら，ネームタグを渡す。	【ネームタグ】
3．音楽に合わせて，"あいさつゲーム"をする ●教師が真ん中に立ち，児童がその周りに円をつくる。 ●London Bridge♪など，英語の歌に合わせて，児童が教師の周りを回る。 ●曲がストップしたら，教師と向かい合った児童は，教師とあいさつを交わす。何度も繰り返して遊ぶ。 　T：Hello! 　S：Hello! 　T：I'm ＿＿＿＿（自分の名前）. 　S：I'm ＿＿＿＿（自分の名前）.	・教師が児童のモデルとなり，児童がその真似をできるようにする。 ・円になって音楽に合わせて回れるように支援する。 ・とまどっている児童には教師が小声で教えるなどの支援をする。 ・教師とあいさつを交わすことができたときには，たくさんほめる。	【CD】 英語の歌（London Bridge等）
4．Good-bye to You♪を歌って授業を終わる		【CD】 Good-bye to You

身近な飲み物・お菓子(1)

1．本時の目標 （ねらい）
○身近な飲み物やお菓子を英語で言ってみる。
○大きな声で教師の真似をして英語に親しみ，積極的に活動を楽しむ。

≪おもな表現≫　Hello.　Here you are.　Thank you.
milk, juice, tea, cake, chocolate, candy, cookie, ice cream
*What's this?

2．活動案

子どもの活動	教師による支援	教材・教具
１．始めのあいさつをする ●大きな声であいさつをする。 ●Hello Song♪を歌う。	・その場にいる教師・指導者全員が児童の中に入って支援する。	【CD】 Hello song
２．ネームタグを受け取る ●教師が児童の名前を呼び，次のような会話をしてネームタグを渡す。 　T：Hello. 　S：Hello. 　T：（渡しながら）Here you are. 　S：（受け取るときに）Thank you.	・"Thank you."と言えない児童には，教師が小声で教える等の支援をする。 ・児童と目を合わせて，ネームタグを渡すようにする。	【ネームタグ】
３．「What's this? クイズ」をする ●教師は，開け閉めができる小窓がいくつかついた色画用紙の後ろに，飲み物やお菓子の絵カードを隠す。 ●小窓を少しだけ開き，児童に「What's this?」とクイズを出す（なかなか答えが出ないときなどは，ほかの小窓も同時に少し開いたりしてヒントを与える）。 　T：Look! What's this? 　　（小窓を少しだけ開いて見せる） 　S：……	・小窓をほんの少し開いて見せたり，一瞬大きく開いたりして，児童が楽しみながら推測できるようにする。 ・児童がなかなか答えを出せない場合，ヒントの出し方を工夫し，楽しみながらゲームに参加できるようにする。 ・日本語で答えた児童にも，答えようとしたことを大い	【絵カード：飲み物・お菓子】 【クイズ用の小窓】 色画用紙で作成

T：Look. 　　（ほかの小窓も開いたりして） ●正解が（日本語でもよい）出たら，"That's right!" "Yes!" などと言って，絵カードを見せる。 　S：……チョコレート？ 　T：Very good! Thank you. 　　　Yes, chocolate! 　　（絵カードを前に出して全体を見せる） ●教師が正解を英語で言ったあと，児童は教師のあとについて，その単語を練習する。 ●これを順々に行い，すべての飲み物やお菓子の言い方を練習する。	にほめる。答えが違っていたり，間違った英語でも同様にする。その後，教師が正しく英語で言い直すようにする。 ・大きな声で発音できるように支援する。 ・しっかりと言うことができている児童を大いにほめ，励ます。	
4．伝言ゲームをする ●児童は一列に並ぶ（人数によっては，複数列になってもよい）。 ●教師が，先頭の児童に，飲み物やお菓子の単語を1つ，そっと伝える。 ●児童は前から順々にその単語を後ろへ伝え，最後の児童は，教室の後方に並べてある絵カードから，その単語と一致する物を選ぶ。 ●その児童は，絵カードを持って教師の所へ来る。教師が「What's this?」と質問したら，その絵カードの単語を英語で答える。 ●先頭を交代しながら，活動を進める。	・個々の必要に応じて，教師が一緒に言うなどの支援をする。 ・後ろの児童へ伝えようとする姿勢，前の児童が言うことを聴き取ろうとする姿勢を大いにほめ，励ます。 ・教師の "What's this?" という質問に，答えたり，答えようとしたことをたくさんほめる。コミュニケーションをしようとする力を大切にする。	【絵カード：飲み物・お菓子】（初めに教室の後ろの方へ並べておく）
5．Good-bye to You♪を歌って授業を終わる		【CD】 Good-bye to You

身近な飲み物・お菓子(2)

1．本時の目標 （ねらい）
○身近な飲み物・お菓子を英語で言うことに慣れ，大きな声で教師の真似をする。
○積極的に活動に参加して楽しむ。

　　《おもな表現》　　Hello.　Here you are.　Thank you.
　　　　　　　　　　milk, juice, tea, cake, chocolate, candy, cookie, ice cream
　　　　　　　　　　*What's this?

2．活動案

子どもの活動	教師による支援	教材・教具
１．始めのあいさつをする ●大きな声でしっかりとあいさつを交わす。 ●楽しくHello Song♪を歌う。	・その場にいる教師・指導者全員が児童の中に入って支援する。	【CD】 Hello song
２．ネームタグを受け取る ●教師が児童の名前を呼び，次のような会話をしてネームタグを渡す。 　T：Hello. 　S：Hello. 　T：(渡しながら) Here you are. 　S：(受け取るときに) Thank you.	・"Thank you." と言えない児童には，教師が小声で教える等の支援をする。 ・教師と児童が目を合わせながらしっかりコミュニケーションをとれるようにする。	【ネームタグ】
３．飲み物・お菓子の言い方を復習する ●身近な飲み物・お菓子の言い方を，絵カードを使って復習する。児童は教師のあとについて大きな声で練習する。	・絵カードの見せ方を工夫し，楽しく練習できるようにする（さっと空中をきるようにして一瞬だけ見せたり，絵カードの両端を持ち，くるっと回転させたりする，等）。	【絵カード：飲み物・お菓子】
４．「何がでてくるかな？ゲーム」をする		【絵カード：飲み物・お菓子】

	●教師は，飲み物・お菓子の絵カードを，1枚ずつ，別々の封筒に隠していく（児童はこのとき目を閉じる）。紙袋にはナンバーをつけておく。 ●準備が整ったらゲームを始める。だれか1人の児童が，好きなナンバーを英語で言う。教師はその紙袋から少しずつ絵カードを引き出して見せながら "*What's this?" と尋ねる。 　T：Any volunteers? 　　（だれかやってみたい人？） 　S：Here! 　T：Which number? 　S：No.3! 　T：OK. Look……． 　　（中の絵カードの一部分だけ見せるようにする。） 　　*What's this? ●他の児童にも "*What's this?" と尋ねてみる。できるだけ，多くの児童が答えを言えるようにする。1つ正解が出たあとでも，そこですぐ絵カードの全体を見せない。 ●ほぼ全員が何らかの答えを言ったら，絵カードを封筒から出して見せる。その後，児童全員が教師のあとについてその単語を再度発音する。このようにして楽しく活動を続ける。	絵カード → No.3 ← 封筒 ・英語でナンバーが言えない児童の場合，児童が日本語で数字を言ったら，教師が英語で言い直し，それを児童が繰り返して言う。 ・積極的に活動に参加しようとする姿勢を大いにほめる。 ・日本語で答えたり，英語が間違っていた場合には，答えようとしたことを "Good!" "Good try!" などと声をかけてほめ，それから教師が正しく英語で言い換える。 ・個人の必要に応じた支援をする。	【封筒】 絵カードの枚数分の番号を，封筒の外側に書いておく
5．Good-bye to You♪を歌って授業を終わる ●児童は "Here you are." と言ってネームタグを教師に返す。			【CD】 Good-bye to You

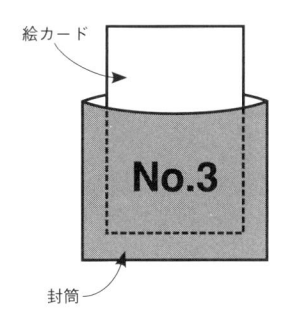

数字で遊ぼう(1)

1．本時の目標 （ねらい）
○1～10までの数を教師のあとについて発音し，英語の音に慣れる。
○楽しみながら積極的に活動に参加する。

　　《おもな表現》　Hello. Here you are. Thank you.
　　　　　　　　　one, two, three, four, five, six, seven, eight, nine, ten

2．活動案

子どもの活動	教師による支援	教材・教具
1．始めのあいさつをする ●大きな声でしっかりとあいさつを交わす。 ●楽しくHello Song♪を歌う。	・楽しく活動を始められるよう支援する。	【CD】 Hello song
2．ネームタグを教師からもらう ●教師としっかりと"Hello!"とあいさつをする。ネームタグをもらうときは，"Thank you."とはっきりと言う。	・個々の必要に応じた支援をする。 ・教師も渡すときの"Here you are."は明瞭に言う。	【ネームタグ】
3．「まねっこゲーム」で数の言い方を練習する ●教師が（後ろを向いて）手をたたきながら"One, two, three."と言う。児童は全員でそれを真似をする。1～10までの数でランダムに繰り返して行い，この遊びを楽しむ。	・教師は，手をたたくスピードを変えたりして，変化を工夫し，児童が楽しみながらこの活動に参加できるようにする。	
4．Seven Steps♪を歌う ●簡単な手遊び（膝や肩をたたいたり，手をたたいたりする，など）をしながら歌う。	・体も動かして，楽しみながら歌えるような工夫をする。	【CD】 Seven Steps
5．「カードビンゴ」をする ●児童は1人1セット，1～10までの数字カードを持ち，そこから9枚	・カードの扱いにとまどう児童がいれば，個々に支援す	

選ぶ。これを，数字が書いてある面を表にして，3×3にして机の上に並べる。 （例） | 2	5	9
1	7	6
8	3	10 | ●教師が英語でどれか数字を言ったら，児童はその数字を言いながら，数字カードを裏返しにする。 　T：Seven! 　Ss：Seven, Seven, ……． 　　（7のカードを裏返しにする）． 　T：Very Good! ●ほぼ全員が教師の言った数字カードを裏返しにできたら，教師は手元の数字カード（掲示用）を見せ，児童が各自確認できるようにする。 ●これを繰り返し，できるだけ多くのビンゴを作る。時間が許すかぎり続け，できれば全員が9枚のカードを裏にできるくらいまで行う（慣れたら，教師の役割を児童が行うようにしてもよい）。	る。 ・教師の役割（＝数字を言う）を，自らやってみたい児童がいれば，その児童が数を言うようにして，教師はそれを支援する。その積極性を大いにほめる。	【数字カード】 ビンゴ用（1人10枚×人数分） 【数字カード】 教師用（掲示用の大きいカード）
6．授業の終わりを告げる ●児童は"Here you are."と言って，ネームタグを教師に返す。	・教師も受け取るときに"Thank you."と答える。	

数字で遊ぼう(2)

1．本時の目標　（ねらい）
○1～10までの数を英語で言って，発音に慣れる。
○英語で表現する活動に積極的に参加する。
○コミュニケーション活動を楽しむ。

　《おもな表現》　Hello. Here you are. Thank you.
　　　　　　　　＊How many? one, two, three, four, five, six, seven, eight, nine, ten
　　　　　　　　Seven, please.

2．活動案

子どもの活動	教師による支援	教材・教具
1．始めのあいさつをする ●大きな声でしっかりとあいさつを交わす。 ●楽しくHello Song♪を歌う。	・楽しく活動を始められるよう支援する。	【CD】 Hello song
2．ネームタグを教師からもらう ●教師としっかりと"Hello!"とあいさつをする。ネームタグをもらうときは，"Thank you."とはっきりと言う。	・個々の必要に応じた支援をする。 ・教師も渡すときの"Here you are."は明瞭に言う。	【ネームタグ】
3．「How many? ゲーム」をする ●教師は，児童に見えないところで手をたたく。その回数を児童に"＊How many?"と尋ねる。 ●児童は英語で"Five!"などのように答える。これを何回か繰り返して楽しむ（慣れたら児童が教師の役割にチャレンジしてもよい）。	・ゆっくり，はっきりと手をたたく。 ・児童が集中して聴くことができるように配慮する。リズムをつけるなどの変化を加え，楽しい活動にする。	
4．Seven Steps♪を歌う ●動作も楽しみながら歌う。2人で向かい合って手遊びのようにしたり，全員で円になり，一緒の動作をした	・手遊びのようにしたり，体を動かすなどの工夫をする。	【CD】 Seven Steps

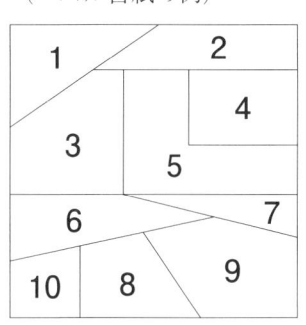

りして，リズムに乗って楽しむ。		
| **5．パズルを楽しむ**<br>● 児童は，パズルの台紙を1人1枚ずつ教師から受け取る。<br>● "〜, please."（〜をください）という表現を全員で練習する。<br>● 1人1人が順番に教師のところへ行き，英語で1〜10までの数字のいずれかを言う。教師は "Here you are." と言って，その数字のパズルピースを児童に渡す。<br>　S：Seven, please.<br>　T：Here you are.<br>　S：Thank you.<br>● 児童はパズルピースを1枚受け取ったら，"Thank you." と言って，自分の席に戻る。これを繰り返す（1回に1枚だけピースをもらう，というルールを守って活動する）。<br>● 各自，1〜10までのピースがすべてそろったら，台紙の下書きに沿って，それらをのりで貼りつける（これでイラストが完成する）。<br>● ここまでを個人個人で進める。イラストが完成したら，思い思いに色を塗る。 | ・必要に応じて個別に支援する。<br>・活動前に "〜, please."（〜をください）という表現を，必ず練習してから活動に入る。<br>・すすんで英語を話そうとしている児童，積極的に作業を進めようとしている児童を大いにほめる。<br>・自分の順番を守って，待つことができるよう，声をかけながら，活動を進める。<br><br>（パズル台紙の例）<br><br>```
┌─────────────────┐
│  1  ╲    2      │
│      ╲  ┌───────┤
│  ────╲ │    4  │
│  3    ╲│       │
│        │   5   │
│  ──────┴───────┤
│       ╲    7   │
│  6   ╲ │       │
│ ──┬───╲│   9   │
│10 │ 8  ╲       │
└───┴────┴───────┘
```<br>（大きさはA4からB4くらい） | **【パズルの台紙】**<br>（人数分。ピースの形と数字を下書きしたもの）<br><br>**【パズルのピース】**<br>(10ピース×人数分。パズルが完成するとイラストが現れる)<br><br>**【のり】**<br>**【色鉛筆かクレヨン】** |
| **6．授業の終わりを告げる**
● 児童は "Here you are." と言って，ネームタグを教師に返す。 | ・教師も受け取るときに "Thank you." と答える。 | |
```

いろいろな色

1．本時の目標（ねらい）
○色の言い方をおおよそ理解する。
○教師のあとについて単語を発音し，英語の音に慣れる。
○楽しみながら積極的に活動に参加する。

≪おもな表現≫　Hello. Here you are. Thank you.
　　　　　　　　blue, black, green, red, white, orange, pink, brown, yellow, purple
　　　　　　　　*Touch something red. What color?

2．活動案

子どもの活動	教師による支援	教材・教具
1．始めのあいさつをする ●大きな声でしっかりとあいさつを交わす。 ●楽しくHello Song♪を歌う。	・楽しく活動を始められるよう支援する。	【CD】 Hello song
2．ネームタグを教師からもらう ●教師としっかりと"Hello!"とあいさつをする。ネームタグをもらうときは，"Thank you."とはっきりと言う。	・教師の"Here you are."，児童の"Thank you."というやりとりがしっかりできるよう支援する。	【ネームタグ】
3．色の言い方を知る ●Rainbow♪のCDを，教師が提示する色カードを見ながらよく聴く。 ●CDに合わせて歌う練習をする。色カードを見ながら歌って，色の言い方（発音）を知り，英語の音に慣れる。	・歌詞に合わせて色カードを提示し，色の言い方の理解を促す。	【CD】 Rainbow 【色カード】
4．色の言い方を練習する ●教師のあとについて，色の言い方を練習する。		
5．「Touchゲーム」をする ●教師が"*Touch something red!"などと指示をしたら，児童は身の回り	・色カードを提示しながら進め，理解を助ける。	【色カード】

で赤い物を探し，それにタッチする（全員がタッチできるまで，すでにタッチしている児童もそのまま待つ）。 ● ほかの色も同様に，繰り返し楽しむ（毎回，自分の元の位置に戻るというルールにするとよい）。 ● 余裕があれば，次のような活動に発展できる。まず児童全員で"What color?"と教師に尋ね，それに教師が"Blue!"などと答える。それを聴いてから，児童はblueの物にタッチしに行く。こうすると，教師と児童との間でコミュニケーションが楽しめる（この場合，"What color?"という表現を児童全員で練習してから，活動に入る）。	・慣れてきたら，色カードを提示するのをやめる。教師が英語を言うとき，集中して聴く力をつける。 ・とまどう児童には個別に支援する。 ・全員がタッチできたことを確認してから次の色を言う。 ・ルールを守り，積極的に活動している児童をほめる。 ・教室内を走らないように注意する。	
6．「ひとりカルタ」をする ● 児童全員が自分のカルタ（カルタサイズの色カード，1セット）をランダムに机の上に広げる。 ● 色を尋ねる表現"What color?"という言い方を全員で練習する。 ● 児童全員が教師に"What color?"と尋ねる。教師が"Blue!"などと言ったら，自分のカルタからblueを探し，それを取って手で頭上に上げる。 ● これを繰り返し楽しむ。	・必要に応じて，色カードを見せながら色を言って，児童の理解を助ける。 ・正しいカードを上げているか確認し，必要に応じて支援する。 ・積極的に活動している児童を大いにほめ，励ます。	【色カード】 教師用 【色カード】 児童カルタ用（1人10色）
7．Good-bye to You♪を歌って授業を終わる		【CD】 Good-bye to You

絵本を楽しもう(1)

1．本時の目標　(ねらい)
○動物の名前に親しむ。
○教師と共に動物の名前を言ってみる。
○英語の物語の内容をおおよそ推測し，それを楽しむ。

　　≪おもな表現≫　　Hello. Here you are. Thank you.
　　　　　　　　　　 bear, bird, duck, horse, frog, cat, dog, sheep, goldfish, monkey,
　　　　　　　　　　 brown, red, yellow, blue, green, purple, white, black
　　　　　　　　　　 *What's this? *What color?

2．活動案

子どもの活動	教師による支援	教材・教具
1．始めのあいさつをする ●大きな声でしっかりとあいさつを交わす。 ●楽しくHello Song♪を歌う。	・楽しく活動を始められるよう支援する。	【CD】 Hello song
2．ネームタグを教師からもらう ●教師としっかりと"Hello!"とあいさつをする。ネームタグをもらうときは"Thank you."とはっきりと言う。	・教師の"Here you are.", 児童の"Thank you."というやりとりがしっかりできるよう支援する。	【ネームタグ】
3．物語を聴く ●*Brown Bear, Brown Bear, What Do You See?*の読み聞かせを聴く。 ●一つ一つの動物のところで，色の言い方を確認したり，動物の名前を教師のあとについて言ってみたりしながら，物語を聴く。 ●教師とのやりとりも楽しみながら，物語を聴いて，理解を深める。	・色や動物の名前などを，児童と共に言って，児童の理解を確認しながら進める。 ・色の言い方も復習する。物語の途中途中で，"*What color?", "*What's this?"などの質問を児童に投げかけながら読み進める。	【絵本】 【色カード】 【絵カード：動物】
4．動物の言い方を練習する ●教師が提示する動物の絵カードを見	・大きな声で発音できるよう	【絵カード：動物】

ながら，教師のあとについて，動物の言い方を発音し，練習する。 ●ある程度練習できたら，教師は絵カードを見せながら "*What's this?" と児童に尋ね，児童全員がその絵カードの動物の名前を英語で答える，などの活動も入れる。	に支援する。 ・教師の質問に答えることができた児童，答えようとしている児童を大いにほめる。 ・児童どうしが助け合えるよう，支援する。	
5．「動物カルタ」をする ●床の上，あるいは児童用机（5〜6人分くらいを1か所にまとめる）の上に，動物カードを広げる。 ●児童はその周りに円になって座る（または立つ）。 ●物語に出てきた順に，教師が動物の名前を "Bear." などと言う。児童はbearのカードを探して取る（カードは2〜3セットあるので，2〜3人の児童が取ることができる）。取ったら頭上に上げ，皆に見せる。 ●すべてのbearのカードが上に上がったら，児童全員で教師のあとについて "Bear." と発音する。 ●慣れたらランダムにやってみる。	・最初は教師も動物の絵カードや，絵本を見せながら活動を行う。 ・慣れたら何も見せずにやってみる。 ・必要に応じて個別に支援する。特に，カードを取れなかった児童の反応をよく見て対応する。例えば，1枚のカードを数人の児童が一緒に取った場合，それを全員で頭上に持つこともできる。	【絵カード：動物】 カルタ用に2〜3セット（カルタ用のカードのセット数は，クラスの人数に合わせて調節する） 【絵カード：動物】 教師用1セット 【絵本】
6．物語をもう一度聴く ●物語を聴きながら，"Brown bear, brown bear, ……" のところで，リズムに合わせ，bearの小さい絵カードを頭上で左右に振る。続く動物も同様にする。 　T (&Ss)：Brown bear, Brown bear,… 　　　　　　↑　　　　↑ 　　　　　（右）（左）〜のようにカードを振る ＊できれば教師と一緒にこの部分を言ってみる	・リズムよく物語を読む。 ・児童が正しいカードを振ることができたら，それを大いにほめる。 ・一緒に声を出しやすいよう，ゆっくりと抑揚をつけて読む。	【絵本】 【絵カード：動物】 カルタサイズのものを，児童1人1セット
7．Good-bye to Youを♪歌って授業を終わる		【CD】 Good-bye to You

絵本を楽しもう(2)

1．本時の目標　（ねらい）
○動物の名前とその発音に慣れる。
○一緒に声を出して物語を楽しむ。
○積極的に活動する。

≪おもな表現≫　Hello.　Here you are.　Thank you.
　　　　　　　　bear, bird, duck, horse, frog, cat, dog, sheep, goldfish, monkey,
　　　　　　　　brown, red, yellow, blue, green, purple, white, black
　　　　　　　　*Close your eyes.　*Open your eyes.　*What's missing?

2．活動案

子どもの活動	教師による支援	教材・教具
1．始めのあいさつをする ●大きな声でしっかりとあいさつを交わす。 ●楽しくHello Song♪を歌う。	・楽しく活動を始められるよう支援する。	【CD】 Hello song
2．ネームタグを教師からもらう ●教師としっかりと"Hello!"とあいさつをする。ネームタグをもらうときは"Thank you."とはっきりと言う。	・教師の"Here you are."と，児童の"Thank you."というやりとりがしっかりできるよう支援する。	【ネームタグ】
3．物語を聴く ●*Brown Bear, Brown Bear, What Do You See?*の読み聞かせを聴く。 ●できれば，少しずつ児童も一緒に声を出して言ってみる（色＋動物の繰り返し部分が，わかりやすくリズムもとりやすい）。教師と一緒に，リズムに合わせて英語を言って楽しむ。	・リズムにのって読み聞かせをする。 ・児童も言えそうなところは児童も一緒に言うように促しながら，リズムやテンポに気をつけて読む。	【絵本】
4．動物の言い方を練習する ●動物の絵カードを使って，動物の名		【絵カード：動物】

前の言い方を練習する。		
5．「Missing Card ゲーム」をする ●最初に，黒板に提示された絵カードをよく見て覚える。 ●"*Close your eyes." という教師の指示で児童は目を閉じ，その間に教師が絵カードを1枚隠す。 ●"*Open your eyes." と教師が言ったら，児童は目を開けてどの絵カードがなくなったか，英語（動物の名前）で答える。 　T：*Close your eyes. 　　（児童は目を閉じる。 　　教師は動物の絵カードを1枚隠す。） 　T：*Open your eyes. 　　（児童が目を開ける。） 　T：*What's missing? 　S：……Bear? 　T：Yes! Very Good! 　　（ほめながら，隠していた絵カードを出して見せる。）	・絵カードを隠したあと，児童に "*What's missing?"（何がなくなったの？）と尋ねる。 ・多くの児童が答えを言えるように支援する。 ・間違った答えでも，答えようとしたことを大いにほめる。そのとき，ほかの児童から正解が出るのを待つ。最初に正解が出た場合でも，ほかの児童が次々と答えを言えるような時間をとる。 ・児童が互いに助け合えるよう，教師が支援する。	
6．色の言い方を練習する ●色カードで，色の言い方を練習する。		【色カード】
7．再度，物語を聴く ●物語の中の繰り返しの表現を，児童も一緒に言いながら，読み聞かせを再度楽しむ。 　T&Ss：Brown bear, Brown bear, What do you see? 　T：I see a red bird …… 　T&Ss：Red bird, red bird, …… 　　（このように続けていく）	・児童が声を出すタイミングをつかみやすいよう，リズムよく読む。 ・全員で楽しめるようにする。	【絵本】
8．Good-bye to You♪を歌って授業を終わる		【CD】 Good-bye to You

くだものいっぱい

1．本時の目標（ねらい）
○くだものの言い方に慣れ親しむ。
○ルールを守って，ゲームを楽しむ。
○積極的に活動する。

≪おもな表現≫　Hello.　Here you are.　Thank you.
　　　　　　　　*What's this?　*Which fruit?
　　　　　　　　orange, apple, grapes, cherry, pineapple, banana, peach, melon

2．活動案

子どもの活動	教師による支援	教材・教具
1．始めのあいさつをする ●大きな声でしっかりとあいさつを交わす。 ●楽しくHello Song♪を歌う。	・楽しく活動を始められるよう支援する。	【CD】 Hello song
2．ネームタグを教師からもらう ●目を見ながら，教師と"Hello!"とあいさつをする。もらうときは"Thank you."とはっきりと言う。	・教師の"Here you are."と，児童の"Thank you."というやりとりがしっかりできるよう支援する。	【ネームタグ】
3．くだものの言い方を知り，練習する ●"*What's this?"と言って，教師がくだものの絵カードの一部を見せたら，児童はそのくだものの名前を言い当てる（日本語でもよい）。正解が出たら，教師のあとについて，正しい英語の表現を練習する。 T：*What's this? Ss：……? T：（もう一度見せながら） 　　*What's this? S：りんご？ T：Good!　An apple.	・絵カードを，一瞬だけくるっと回転させて見せたり，ほかの物で絵カードを隠し一部分だけ見せたり，など提示方法を工夫する。 ・日本語，あるいは間違った英語でも答えようとした児童を大いにほめる。	【絵カード：くだもの】

4．「変わりビンゴ」をする ●児童は，各自くだものカード（8枚1セット）を持つ。 ●そのうちから自分で5枚選び，机の上に並べる。 ●教師が"Grapes."などとくだものの名前を言う。児童は机の上にそのくだもののカードがあれば，それを裏返しにする。もし，自分が出していないものだったら，何もしない。 ●これを繰り返していく。机の上のカード5枚すべてが裏返しになったら，その児童は"あがり"となる。 ●何回か繰り返して楽しむ（5枚のカードは毎回選び直す）。	・全員が"あがり"になるまでゲームを続けることもやってみる（状況に応じて，途中で終わりにしてもよい）。 ・正しいカードを裏返しているか，教師はよく注意して見ていて，必要に応じて個別に支援する。	【絵カード：くだもの】 ビンゴ用（8枚×人数分）
5．「フルーツバスケット」をする ●1人1枚，くだものの絵カードを教師からもらう。1人がオニとなり，残りの児童は円になって座る。 ●教師がオニに"*Which fruit?"と尋ねたら，オニは"Apple."などと1つのくだものの名前を答える。 ●そのくだものの絵カードを持っている児童は，席を移動する。オニもその中に混じって座る。 ●最後に座れなかった児童が次のオニとなる。 ●これを繰り返して楽しむ（できるようであれば，"Which fruit?"と尋ねるのも，座っている児童全員で教師と一緒に言う，などの工夫をしてみる。こうすると，児童同士が英語でコミュニケーションを体験できる）。	・オニになった児童が，くだものの名前を答えにくそうな場合，教師も一緒に言うなどの支援をする。 ・ルールを守ってゲームができるようによく注意しておく。 ・走らないようにあらかじめ伝えておくとよい。	【絵カード：くだもの】 （ビンゴで使用したカードを利用してもよい） 【椅子】
6．Good-bye to You ♪を歌って授業を終わる ●その後，児童は"Here you are."と言ってネームタグを教師に返す。	・相手の目を見て"Here you are."と言えるように支援する。	【CD】 Good-bye to You

（鴻巣彩子）

第2部

実践編

第1章
特別支援学級における外国語活動の実際

1 わかくさ学級における外国語活動のねらい

　東京都江戸川区立二之江小学校に特別支援学級（わかくさ学級）が設置されたのは，1986年4月のことです。在籍する児童は，さまざまな障害（高機能自閉症，自閉症，情緒障害，難聴，学習障害，注意欠陥・多動性障害，ダウン症など）を併せもち，人とのかかわりが苦手なために孤立する傾向にあり，言語能力に障害があるのか，コミュニケーションしようとする力に欠けていました。しかし，目は純真で，いつも輝いていました。

　私は校長として，「人と人との良好な関係を構築していくコミュニケーション力を培いたい」と切に願いました。なぜなら偏見や差別の嵐にさらされることの多いかれらにとって，コミュニケーション力は生きる術にもなるからです。そのための実践方法として，外国語活動が障害児にとって有効な方法の一つではないかと考えました。

わかくさ学級での『ブラウンベアー』の読み聞かせ
（左）担任の鈴木幸子先生，（右）JTEの杉山明枝先生

次代を担う子どもたちは，異なった言語，習慣，文化をもつ人々と共に生きること（「共生」），どんな困難な場面に遭遇しても自ら考え解決していこうとする力（「自己決定行動力」），日本人としての誇りや文化を大切にし生き抜く力（「主体性」）が求められています。そうした力を「生きる力」として子どもたちに育むことが，2011年に完全実施される「小学校学習指導要領」（文部科学省）でも，全国の学校に通達されました。このことは，特別支援を必要とする子どもたちにも同様です。

　「生きる力」の要素となる「共生」「自己決定行動力」「主体性」は，小学校教育課程における外国語活動のなかで培われます。また，外国語活動を推進することは，「国際コミュニケーションの素地」を養うことにつながります。なぜなら，文部科学省は，これからの国際社会で求められるコミュニケーション力（資質・能力）を，「共生」「自己決定行動力」「主体性」であると定義しているからです（「初等中等教育における国際教育推進検討会報告　国際社会を生きる人材を育成するために」2005年）。

　「共生」「自己決定行動力」「主体性」につながる資質・能力は，次項の表のように分類されます。これらの資質・能力は，児童の人間形成に必要な道徳性の育みでもあります。

2　特別支援外国語活動ではぐくむ資質・能力

　渡辺寛治は，小学校外国語活動で育てたい資質・能力について，以下のように述べています。これらは特別支援外国語活動においても共通のものです。

> (1)「共生」につながる資質・能力
> 　　広い視野（異文化理解）　思いやりの心（相互理解）　明るい心　豊かな心
> (2)「自己決定行動力」につながる資質・能力
> 　　積極的・意欲的な心　自己表現力
> (3)「主体性」につながる資質・能力
> 　　自己コントロール　自己の確立

　例えば，「共生」とは共に生きる力を意味しますが，小学生では，同学年はもとよりすべての友人と仲よくかかわることのできる力が特に大切となります。その要素となる「明るい心」は，何事も前向きにとらえて人とかかわっていこうとする心です。自らの長所を伸ばしていこうとする心でもあります。また「思いやりの心」とは，相手の立場になって考えられる心です。優しさやいたわりの心を育んでいきます。そして思いやりの心や豊かな心が育まれたとき「豊かな心」となって現れます。

3 特別支援外国語活動の成果

わかくさ学級では，2で分類した資質・能力が，子どもたちにどのように定着したかを調べるために，広汎性発達障害（高機能自閉症A児・B児，自閉症C児）の3事例と，ダウン症（D児・E児・F児）の6事例を通して，2年間の実践で得た結果を整理しました。

①前向きに取り組む姿勢

高機能自閉症児（A,B），自閉症児（C），ダウン症児（D,E,F）に共通する項目としては，「明るい心」「積極的・意欲的な心」に育みがみられ，国際コミュニケーションの素地である『共生』『自己決定行動力』への営みがみられました。英語活動を体験した児童は，一様に明るく前向きな態度で，積極的・意欲的に取り組む資質や能力が育まれました。

②自己アピールする力

高機能自閉症児（A,B），自閉症児（C）に共通する項目としては，「明るい心」「積極的・意欲的な心」のほかに，「自己表現力」「自己の確立」がありました。こうした資質や能力の芽生えから，国際コミュニケーションの素地である『共生』『自己決定行動力』『主体性』の育みが生じてきたことがうかがえます。

③発話しようとする積極性

ダウン症児（D,E,F）の共通項目は，「明るい心」「積極的・意欲的な心」の育みでした。特に注目すべきことは，障害の特質として発話に自信のないダウン症児が，積極的に英語活動を体験するようになり，声を出すようになってきました。これは，国際コミュニケーションの素地である『共生』『自己決定行動力』の芽生えでもあります。

④自己コントロール力の芽生え

高機能自閉症児（B），自閉症児（C），ダウン症児（E,F）の4事例では，「主体性」につながる「自己コントロール」力が芽生えてきていることが判明しました。その理由として，英語活動はコミュニケーション体験活動であり，他者とのかかわりから，自分ですすんで行動しようとする力が育まれてきたためだと考えられます。

4 わかくさ学級での指導の実際

(1)教育課程上の位置づけ

二之江小学校では，1年生から6年生までの全学年で外国語（英語）活動を実施しています。特別支援学級である「わかくさ学級」でも，在籍する1年生から6年生までが一緒になって，学級いっせいに外国語（英語）活動に取り組んでいます。教育課程上の

位置づけは，以下のとおりです。

学年	時間	時数	
		通常学級	特別支援学級
5・6年生	外国語活動	35時間	15時間
3・4年生	総合的な学習の時間	任意（4～6時間程度）	
1・2年生	生活科，余剰時間	3～4時間	

通常学級で5・6年生だけ実施している学校の場合でも，特別支援学級で1年生から6年生まで外国語（英語）活動を実施することは可能です。むしろ，特別支援学級での1年～6年の実施は，教育課程上の特色と位置づけられます。

とりわけ全学年いっせいで実施する場合，各学校は教育課程上の位置づけを各教育委員会と十分に共通理解をしておくことが大切です。

(2)指導体制について

外国語活動をスタートするにあたり大切なことは，教師の意識です。特別支援学級においても，できれば学級担任が外国語活動を実施することが最も望ましいと思います。しかし，わかくさ学級では実践を始めるにあたって，まずT1としてJTE（日本人英語指導員）を採用しました。

その第一の理由は，われわれにとって外国語活動をすること自体が初の試みだったからです。教師や児童のだれもが生まれて初めて遭遇することだったので，経験豊かなJTEから，私たち教師も一体となって学びながら実施することがよいと考えました。

理由の第二に，障害のある児童の行動様式を理解して活動に臨んでいただくために，ALT（外国語指導助手）ではなくJTEを選びました。活動中，児童によっては何が起こるかわかりません。てんかんを伴っていることもあります。児童が床に寝転び，奇声を発することもあります。大きな声が苦手な児童もいます。とっさのときに，担任の日本語の指示が講師に通じなくては，安全に活動が進まないからです。

JTEには，わかくさ学級での活動開始以来，3年間来ていただきましたが，現在では担任が活動の中心となっています。また，時数は少ないのですが，ALTと共に活動をしています。これは，担任がプロとしてのJTEから3年間指導法を学んだ成果です。

(3)オール・イングリッシュでの活動

障害のある児童だからといって，英語を導入することに臆していけません。「母語もままならない児童になぜ英語ですか？　しかも1時間の活動すべてに……」と質問を受けることもあります。そのような問いに対して，われわれは「英語だから通じるのです」と答えています。つまり，ロジカル（規則性）な英語，リズミカルな英語，そして短い

英語表現は，児童にとって聞き取りやすく，発話しようとする意欲が湧きやすいのです。

JTEやALTがT1をする場合は，T2である担任が児童の背後にまわり，個の特性に応じた支援をしていきます。

5 外国語活動の評価について

あらゆる学習に対して評価が必要であることは言うまでもありません。外国語活動にも評価規準を策定し，児童ごとに毎時間の評価から次への活動につないでいきます。

わかくさ学級では，客観的評価を2通り実施しました。1つは「英語活動評価観点・規準」の作成。もう1つは，すべての教育活動で得られる「基本的生活習慣の自立の程度」「言語交流の発達」「社会性の発達」についての評価です。

(1)「英語活動評価観点・規準」

2007年11月から現在まで，児童一人一人に個別指導計画を作成し，下記の英語活動評価観点（A～C）と規準（①～④）から，毎時間の児童の学習を記録をしました。

英語活動評価観点・規準

A：コミュニケーションへの関心・意欲・態度
　①英語活動に関心をもちすすんで参加しようとしている。
　②JTEやHRT，友達の様子に自らすすんで注目している。
　③JTEやHRT，友達からの働きかけに応じ，積極的にかかわっている。
　④JTEやHRT，友達に働きかけ，すすんでやり取りをしている。

B：コミュニケーション能力（理解・表現）
　①JTEのしぐさや音声を真似ている。
　②繰り返される表現や指示がわかっている。
　③JTEやHRTの働きかけに身振りや言葉で応じている。
　④自分の意思をJTEやHRTに身振りや言葉で表現している。

C：言葉や文化についての関心・意欲・態度
　①英語活動であることがわかり参加している。
　②英語の音声や外国の音楽に親しみながら，楽しく歌ったり踊ったりしている。
　③日本語と英語の違いに気づいている。
　④日常生活の場でも英語で話そうとしている。

---

(2)「基本的生活習慣の自立の程度」「言語交流の発達」「社会性の発達」

東京都公立小学校・中学校特別支援学級児童・生徒実態調査規準から，本実践に必要

な項目をアレンジして使用しました。本調査は，都内の特別支援学級に通う児童生徒に対して，基本的な生活習慣の自立がどの程度育まれたのか，言語の発達においてはどうであったか，人とのかかわりから生じる社会性の発達はどの程度培われたかなどを，1年に1度調査するものです。毎年1度，東京都教育委員会が実施しています。この調査からは，児童の学校生活，家庭生活での実態や成長の過程がわかります。規準はLevel 1からLevel 5まであり，項目は以下のとおりです。

わかくさ学級では，校長の責任のもと，すべての担任で事前に評価項目を協議し，共通理解を図ったうえで評価を行いました。JTE，担任，介助員，校長で，公正に客観的に意見を求めて評価することで，公平性も保つようにしました。

東京都公立小学校・中学校特別支援学級児童・生徒実態調査規準（概略）

レベル	①基本的生活習慣の自立の程度	②言語交流の発達	③社会性の発達
L1	通常の子どもの発達	通常の子どもの発達	通常の子どもの発達
L2	介助がなくてもほぼ1人でできる	簡単な事柄を言語で交流できる	対人関係が成立し，集団行動がほぼできる
L3	1人でできるが，部分的な介助が必要である	どうにか言語ができて，ほぼ応答できる	ほぼ対人関係が成立し，小集団に参加できる
L4	大部分の介助が必要である	数個の単語がでて，担任や特定の人のみ伝えられる	担任や特定の人のみ，関係が成立する
L5	全面的な介助が必要である	発声のみで言葉はない	ほとんど興味や関心を示すことがない

（小林省三）

第2部　実践編

第2章
子どものニーズに応じた指導法

　本章では，特別支援外国語活動において，子どもたちがもつ個別のニーズにどのように応じていけばよいか，また子どもたちのもつ多様なニーズを踏まえたうえで，どのように学級で授業を展開していけばよいかについて，わかくさ学級での実践をもとにポイントを述べます。

1　個別のニーズに応じた支援

(1)自閉症児への支援から

　こだわりのある自閉症児は，外国語（英語）活動で学んだお気に入りの歌を何度でも歌おうとしました。指導者から考えると，いつまでも同じ歌ばかり歌うことにはためらいを感じます。しかし，そうであってはいけません。次の歌に挑戦するときは，既習の歌も歌うことによって効果が上がりました。こだわりの強い児童の場合は，なおさらでした。

　音楽の時間等でも，その曲を取り上げると効果がありました。すでに学習した曲目ですから，歌詞を理解していることはもちろん，曲のメロディーが自然に児童にインプットされています。あえて音楽担当の教師が説明することを必要とせず，授業が円滑に進みました。

　自閉症児の認知の特徴は，コミュニケーション手段やその使い方に，次のように生かすことができます。

---
①視覚情報の処理に優れている　→　視覚手段の活用
②細かいところまで弁別可能　→　シンボル・文字・サイン使用
③具体的なこと，はっきりしていることはわかりやすい。具体的にはっきり伝える
④きまったパターンには強い　→　きまったやり方を使う
⑤興味のあることには集中する　→　興味を生かす
⑥規則性の明確なものには強い　→　順序・量を明らかにして見通しをもたせる
　　　　　　　　（小山正・神土陽子『自閉症スペクトラムの子どもの言語・象徴機能の発達』

> ナカニシヤ出版，2004，PP.187～188)

(2)高機能自閉症児への支援から

　高機能自閉症児は，自閉症児のような極端なこだわりはありません。知的にも，少しばかり自閉症児より上回ります。しかし，JTEの指示どおりにすべて行動できるわけではありません。特に，それぞれの児童の興味・関心に合った教材を選んで提示することが必要でした。関心のない教材は，まったく見ないこともありました。

(3)ダウン症児への支援から

　ダウン症児はグループ学習が行いやすいものの，発声面での指導方法には一考を要しました。指導方法は，教師の個別対応にゆだねました。
　障害児のグループ化については，年齢差はほとんど関係しないことも授業を通してわかりました。外国語活動をグループ化して行う際は，能力別グループ編成がよいのではないかと思います。

2　授業の展開について

　わかくさ学級で授業を進めていくにあたって，次に示すような指導のあり方は，効果のあることがわかりました。

(1)できていることに焦点を当てる

　児童によっては，言葉が出なかったり，かすれ声で聞き取れなかったりすることがあるため，発音の正誤や声の大小など，発語のみに焦点を当てるのではなく，「積極的にできた」ことを評価するようにしました。実際に声が出ていなくても，教師が必要以上に働きかけたりしません。児童の口元を注意深く見ると，何とか発声しようと努力をしています。そうした場面を見つけ，それを賞賛することが次の意欲につながりました。

(2)パターン化する

　児童の混乱を避けるため，毎時間の授業で使う教室英語，ジェスチャー，表情など，授業の一連の流れをパターン化しました。また自閉症児の特性としてこだわりがあり，異質なことをやる場合に奇声を発するなど，気分が高揚することがあるので留意します。毎朝，校門前でのあいさつなどもパターン化することが大事です。
　自閉症傾向児，ダウン症児ともに，言葉を少しでも多く覚えさせようとすることは禁物です。なぜなら，彼らの多くは母語による発話を苦手としているからです。2語から

3語で友人や教師と会話している場合もあります。また，外国語（英語）活動のねらいは，英語音声を通してコミュニケーション体験活動することです。言語スキルを求め，英単語や英語表現を多く覚えさせようとパターン・プラクティス（繰り返し練習）を行うと，彼らは飽きてしまい，授業が成立しません。単なる言語習得になってしまう危険性があります。

(3) 学習時間であることを明らかにする

授業の開始と終了の区切りを明確にすることが大切です。外国語（英語）活動に入る前に，担任がT1であるJTEと手と手をタッチして，これから活動が始まることへの認識と期待感を子どもたちにもたせるとよいでしょう。区切りをつけない活動は，児童は単なるお遊びとしてとらえてしまいがちです。楽しい授業の中にもルールがあり，ルールを守ることにより，児童と教師，児童と児童が真に向きあえることを示します。

(4) 教師と児童の信頼関係を築く

授業開始時にJTEがネームタグを児童に手渡し，その際に握手をすると，教師と児童に信頼感や一体感が生じます。そして，授業が円滑に進みます。貴重な活動時間であると思うばかり，このようなステップがおざなりになることがあります。けっして無駄な時間ではありません。授業のウォーミングアップと考えてください。

(5) 教材への配慮

絵カード等の視覚的な教材を導入することと，できるだけ実物に近い模型などを利用して提示することを心がけました。障害児は，左脳よりも右脳からの吸収が高いといわれています（伊藤克敏『ことばの習得と喪失』頸草書房，2005，P.80）。例えば，絵カードに描かれている絵や模様は，瞬間的に判断できていることが多いのです。

(6) 他の教科と関連づける

他の教科との連携も図りましょう。例えば，算数の授業では「数」を扱います。また，体育でも，動作の進行のためにかけ声を「数」で言い表すことがあります。そのような場面で英語を使ってみるのです。

児童によっては，「1」を"one"，「2」を"two"，「3」を"three"……と発声している姿を見ました。その子どもにとっては，「イチ，ニイ，サン……」と発音するよりも抵抗が少なかったのでしょう。あるいは，英語音声として"one, two, three……"が脳に刻まれているのでしょう。授業が円滑に進むほうを取り入れるとよいと考えます。

(7)興味関心を高める教具の利用

コミュニケーション体験活動では，教具を積極的に取り入れましょう。例えば「買い物ごっこ」では，プラスチック製の果物や野菜が効果的でした。児童は客と店員に分かれて，「バナナ2本ください」「ありがとう」等のコミュニケーション体験的活動を好んで行いました。個に応じた支援を継続することで，児童自ら自分の好きな場を見つけて主体的に活動するようになります。

(8)道徳と関連づける

児童の興味・関心を重視した外国語（英語）活動で育まれる資質・能力は，児童の「生きる力」の源泉であり，「国際コミュニケーションの素地」でもあります。

このように「外国語活動」では，国際教育で求められる道徳性（明るい心，おもいやりの心など）が育まれます。したがって，年間指導計画の作成にあたっては，「道徳」の教育目標や内容の効果についても相互に高め合えるように指導を考えることが大切です。

3 中学校英語との連携

わかくさ学級の子どもたちは，小学校卒業までに英語で「自己紹介」をできるようになります。また，6年間の活動の中で，1週間，12か月，数などの基本単語が言えるようになります。これは中学校で英語をスタートする際の自信になっています。英語ノート（小6）には自分の夢や職業といった単元があり，"What do you want to be?" "I want to be a pilot." などコミュニケーションできるようになっているので，これを利用して自己紹介の練習をするとよいでしょう。

中学校の英語では指導の方法も専門的になり，複数形なども的確に指導されることが増えていきます。このときに，おぼろげながら頭に入っていた小学校での活動内容が必ず生かされてきます。

（小林省三）

第3章

わかくさ学級での実践例

1 年間指導計画（15時間）

平成21年度の「わかくさ学級」の年間指導計画は以下のとおりです。

1　友達になろう（全4時間）	
活動内容	・ネームタグを受け取る。 ・体調や気持ちを絵カードや言葉で表現する。 ・曜日や天気を，絵カードや言葉で表現する。 ・1年生や新しい教員と自己紹介し合う。
使用表現等	How are you? I'm happy.（sad, angry, sleepy, sick, hot, cold, hungry, thirsty） What day is it today? It's Monday.（Tuesday, Wednesday, Thursday, Friday） How's the weather today? It's sunny.（rainy, cloudy, windy） Hello. My name is 〜. Nice to meet you（too）.
単元のねらい	［関］あいさつや自己紹介を通して，JTE/HRT，友達とコミュニケーションを楽しむ。 ［慣］自分の名前や体調などを，音声や身振りなどで表現する。 ［言］英語の音声やあいさつ，自己紹介などに興味をもつ。
2　買い物遊びをしよう（全5時間）	
活動内容	・自分のネームタグを選ぶ。 ・月や曜日，天気などを絵カードや言葉で表現する。 ・自分の気持ちや体調を，身振りや単語で表現する。 ・好きな果物や野菜を，身振りや単語で伝えながら，買い物遊びをする。
使用表現等	What month is it today? It's April.（May, June, July, August, September, November, December, January, February, March）

	～, please. Here you are. Thank you. tomato, cucumber, orange, grape, banana, eggplant, apple, greenpepper (red, yellow, pink, green, purple, orange, blue, big, small)
単元のねらい	買い物遊びを通して，JTE/HRTや友達とのコミュニケーションを楽しむ。 ［慣］好きな野菜や果物の名前，数などを音声や身振りで表現する。 ［言］外国の音楽や月，曜日，天気，数などの表現に親しむ。

3 ○○をかして（全6時間）

活動内容	・月や曜日，天気などを絵カードや言葉で表現する。 ・自分の体調を，絵カードや身振り，単語などでJTE/HRTに伝える。 ・欲しい品物やその数を絵カードや身振り，言葉などで相手に伝えながら，コミュニケーションする。 ・外国の絵本の読み聞かせを聞いたり，声に出して読んだりする。
使用表現等	What month is it today? It's September.（November, December, January, February, March, April, May, June, July, August） ～, please. How many ～ ? One, two, three, four, five Here you are. Thank you. eraser, pencil, pen, pencilcase, stapler, scissors, ruler, crayon, notebook
単元のねらい	［関］JTE/HRTや友達と積極的にコミュニケーションする。 ［慣］自分の欲しい品物を身振りや単語，絵カードなどで表現する。 ［言］外国の絵本や絵に親しみながら，面白さを味わう。

＜年間指導計画作成に向けての留意点＞

・児童の発達段階や興味・関心に即した単元（題材）を多くし，生活経験や既習事項を十分に生かすことができるようにする。

・使用表現や教材を限定し，複数回繰り返すことで，児童が見通しと期待感を高めながら，主体的に活動に参加し，達成感を十分に味わえるようにする。

・活動を進めるにあたっては，計画にとらわれすぎることなく，毎時間ごとの児童の様子や変容を分析しながら，児童の実態に即した内容の精選と展開を心がける。

（小林省三）

第2部　実践編

2　活動案

「わかくさ学級」の各時間の活動の詳細を，次ページ以降に紹介します。

単元名	友達になろう（全4時間）……………P110〜
	買い物遊びをしよう（全5時間）……P118〜
	○○をかして（全6時間）……………P128〜

＜活動案についての留意点＞

①本活動案は，JTE（1名）とHRT（複数）のチームティーチングで，JTEがT1，HRTがT2を務めています。HRTは，児童に混じって一緒に活動することでモデルを示したり，支援の必要な児童に個別についたり，グループ別活動をサポートしたりします。学校・学級の実態により，教師の役割分担は適宜変更して行ってください。

②授業の始まりと終わりは，毎時間同じパターンで行います。また「今日の調子（How are you?）」や「曜日」「天気」の表現は，年間を通して繰り返し取り上げます。本書では，繰り返し行う活動については，2時間目以降，省略した表記になっています。

③単元「友達になろう」の3時間目からは，主活動にグループ別学習を取り入れます。コミュニケーション活動に関する児童の支援ニーズによって，2〜3つのグループに分かれて活動し，それぞれのグループに教師が支援に入ります。

④活動案中の□□□□の部分は，児童の話す活動です。JTEやHRT，クラスメイトとの会話の機会をできるだけ多く設定します。発声に困難のある児童には，身振り手振りやカードを使って表現できるように支援します。

⑤毎時間の最後には，活動の振り返りを行い，HRTは児童の表情や声の大きさから，その日の活動の満足感や達成度を確認します。

第3章　わかくさ学級での実践例

第2部　実践編

友達になろう

第**1**時／4

　今年度初めての英語活動です。新入生と在校生，児童とJTE（ALT）やHRTが，英語であいさつや自己紹介をしながら，かかわり合いを楽しめる場面を設定します。新しく迎える1年生はもちろん，児童の入れ替わりや担任の交代もあるため，前年度最後の活動よりもレベルを落として，ゆっくりとていねいに進めましょう。

1．本時の目標（ねらい）
○JTE（ALT）やHRTの働きかけに応じ，かかわり合いを楽しむ。
○JTEの音声や身振りを真似ながら表現しようとする。
○外国の言葉や音楽に興味をもつ。

2．本時の展開
（H：HRT　J：JTE　C：児童）

過程	活動	教材・評価（◎）
1．始めのあいさつ	J：Hello. Let's start. ●全員であいさつする J：Good morning（afternoon）everybody. C：Good morning（afternoon）○○ sensei. H：児童と一緒にあいさつをする。	◎JTEの働きかけに応じ，かかわり合いを楽しんでいる。
2．ネームタグを配る	●名前を呼ばれたらネームタグを取りに行く J：I'll pass you the name tags. H：児童と同様に名札を受け取る。	【ネームタグ】
3．Hello song♪	●全員でハローソングを歌う J：Let's sing the Hello song.	【CD】Hello song♪
4．今日の調子は?	●調子を表すいろいろな言葉を知る J：happy, sad, angry, sleepy, sick H：絵カード示しながら，発音を真似させる。 ●デモンストレーション J：How are you? H：I'm happy（sad, angry, sleepy, sick）. ●JTEと児童で会話をする J：How are you? C：I'm happy. H：言葉，身振り，指し示しなどで表現できるよう，個に応じた支援をする。	【絵カード】happy, sad, angry, sleepy, sick
5．何曜日ですか?	●曜日の歌を聞く J：Let's listen to the Day of the week. H：絵カードを貼り，曲に合わせて指し示す。	【CD】Day of the week♪ 【絵カード】曜日

6. 今日の天気は?	●デモンストレーション J：What's the day today? H：It's Monday.（カードを貼る） ●JTEと児童で会話をする J：What's the day today? C：It's Monday. ●いろいろな天気を英語で表す J：How's the weather today? H：It's sunny (rainy, cloudy, windy). 　　（黒板に貼った絵カードを示しながら）	【絵カード】天気 ◎外国の言葉や音楽に興味を示している。
7. 自己紹介	●デモンストレーション J：Hello. My name is ～. H：Hello. My name is ～. ●1年生と在校生で自己紹介をする C1（在校生）：Hello. My name is ～. C2（新入生）：Hello. My name is ～. J：JTEも1年生と自己紹介をして回る。 H：児童と一緒に言う，発音を真似させるなど，個に応じた支援をする。	◎JTEの音声や身振りを真似ながら表現しようとしている。
8. Good-bye song♪ 9. 終わりのあいさつ	●大きな円になり，グッバイ・ソングを歌う J：It's time to say good-bye. J：Let's hold hands and sing the Good-bye song. H：児童と手をつなぎ，大きな円をつくる。 ●全員であいさつする all：Thank you. See you. H：児童と一緒にあいさつをする。	【CD】Good-bye song♪
10. 振り返り	H：今日は，初めての英語活動でしたね。楽しかったですか。	

3．指導のポイント

・本単元は，新入生と在校生，教師の出会いの場としても大切に指導しましょう。
・JTEやHRTは，児童にわかりやすく，動作や声を大きくゆっくりめにすることを心がけましょう。
・前年度中に今回の活動のねらいをすべて達成している児童に対しては，モデルを提示する役をさせたり，HRTの代わりにデモンストレーションをさせたりしましょう。そのことが知的な好奇心を満たし，レベルアップを図ります。

友達になろう

第**2**時／4

　2回目の活動もゆっくりていねいに進めます。前時と同様に，在校生と新入生，あるいは新入生とJTEやHRTが，英語であいさつや自己紹介をしながら，かかわり合いを楽しめる場面を設定します。あいさつに"Nice to meet you"を加えます。

1．本時の目標（ねらい）
○JTEやHRT，新入生と，あいさつや自己紹介などのやりとりを楽しむ。
○JTEの音声や身振りを真似ながら，あいさつや自己紹介をしようとする。
○外国の言葉や音楽に興味をもつ。

2．本時の展開
（H：HRT　J：JTE　C：児童）

過程	活動	留意点（◎評価）
1．始めのあいさつ 2．ネームタグを配る 3．Hello song♪	J：Hello. Let's start. J：Good morning (afternoon) everybody. J：I'll pass you the name tags. J：Let's sing the Hello song.	【ネームタグ】 【CD】Hello song♪
4．今日の調子は？	●前時に続き，調子を表すいろいろな言葉を知る H：How are you? J：I'm hungry (full, hot, cold, thirsty). H：絵カードを示しながら，発音を真似させる。 ●デモンストレーション J：How are you? H：I'm hungry (full, hot, cold, thirsty). ●JTEと児童で会話をする 　J：How are you? 　C：I'm hungry. H：言葉，身振り，指し示しなどで表現できるよう，個に応じた支援をする。	【絵カード】hungry, full, hot, cold, thirsty ◎JTEの音声や身振りを真似ながら，あいさつや自己紹介をしようとしている。
5．何曜日ですか？	●曜日の歌を聞く J：Let's listen to the Day of the week. H：絵カードを貼り，曲に合わせて指し示す。 ●JTEと児童で会話をする 　J：What's the day today? 　C：It's Monday.	【CD】Day of the week♪ 【絵カード】曜日
6．今日の天気は？	●天気の絵カードを黒板に貼る ●JTEと児童で会話をする 　J：How's the weather today? 　C：It's sunny (rainy, cloudy, windy).	【絵カード】天気 ◎外国の言葉や音楽に興味を示している。

7. 自己紹介	●デモンストレーション J：Hello. My name is ～. 　　Nice to meet you. H：Hello. My name is ～. 　　Nice to meet you, too. ●1年生と在校生が自己紹介をする。 C1（在校生）：Hello. My name is ～. 　　　　　　（Nice to meet you）. C2（新入生）：Hello. My name is ～. 　　　　　　（Nice to meet you, too）. J：JTEも1年生と自己紹介し合う。 H：児童と一緒に言う，発音を真似させるなど，個に応じた支援をする。	◎JTEやHRT，新入生とのやりとりを楽しんでいる。
8. Good-bye song♪ 9. 終わりのあいさつ	J：It's time to say good-bye. J：Let's hold hands and sing the Good-bye song. all：Thank you. See you.	【CD】Good-bye song♪
10. 振り返り	H：今日は，1年生や新しい先生と自己紹介をしました。楽しかったですか。	

3．指導のポイント

・ "Nice to meet you." や "Nice to meet you, too." をうまく言えなくても，「正確に発音すること」がねらいではないために，言い直しをさせたりはしません。児童によっては，言うのを省略してもよいでしょう。自ら表現しようとする意欲や態度を十分に評価することで，コミュニケーション能力の素地を養います。

・ 発声の不得手なダウン症児は，自分から発音しなくても，JTEの発音する口元をしっかりと見ています。発話につながる大事な時期です。粘り強く支援していきましょう。

・ 自席から離れたり，HRTに話しかけたりする児童には，目線を合わせてやさしく接し，指示を与え，児童の気持ちを落ち着かせましょう。強制的に席に着かせようとしたり，話をさえぎったりすると意欲を削ぐことになります。

・ 絵カードは単純でわかりやすい図柄を選びましょう。大きさはB4判程度がよいです。

・ 歌やチャンツに，子どもたちは喜んで参加します。リズミカルでテンポのよい歌を一緒に歌うと効果がありますので選曲には留意しましょう。

・ 絵カードは児童にとてもよい効果を示します。1月から12月までのカードをランダムに並べても，きちんと並べ替えができます。できた児童には，おおいに賞賛することにより，満足感，成就感から自尊感情を培います。

友達になろう

第**3**時／4

　前時までに学習した表現を用い，児童同士でより多くの人と自己紹介をします。支援ニーズから，3つのグループに分かれて活動します。

1．本時の目標（ねらい）
○あいさつや自己紹介を通して，JTEやHRT，友達とコミュニケーションする。
○曜日や天気，自分の名前などを音声や身振りなどで表現する。
○外国のあいさつや自己紹介に興味をもつ。

2．本時の展開
（H：HRT　J：JTE　C：児童）

過程	活動	留意点（◎評価）
1．始めのあいさつ 2．ネームタグを配る 3．**Hello song** ♪	J：Hello. Let's start. J：Good morning (afternoon) everybody. J：I'll pass you the name tags. J：Let's sing the Hello song.	【ネームタグ】 【CD】Hello song ♪
4．今日の調子は?	●デモンストレーション J：How are you? H：I'm hungry (happy, sad, angry, sleepy, sick, hungry, full, hot, cold, thirsty). ●JTEと児童で会話をする 　J：How are you? 　C：I'm hungry. H：言葉，身振り，指し示しなどで表現できるよう，個に応じた支援をする。	【絵カード】happy, sad, angry, sleepy, sick, hungry, full, hot, cold, thirsty
5．何曜日ですか?	●曜日の歌を聞く J：Let's listen to the Day of the week. H：絵カードを貼り，曲に合わせて指し示す。 ●JTEと児童で会話をする 　J：What's the day today? 　C：It's Monday.	【CD】Day of the week ♪ 【絵カード】曜日
6．今日の天気は?	●天気の絵カードを黒板に貼る ●デモンストレーション 　J：How's the weather today? 　H：It's sunny (rainy, cloudy, windy). ●JTEと児童で会話をする 　J：How's the weather today? 　C：It's sunny.	【絵カード】天気 ◎曜日や天気，自分の名前を音声や身振りで表現しようとしている。

7.自己紹介	●デモンストレーション J：Hello. My name is 〜. Nice to meet you. H：Hello. My name is 〜. Nice to meet you, too. ●グループに分かれて自己紹介する。 **GroupA　ほとんど支援の必要なし** C1：Hello. My name is 〜. Nice to meet you. C2：Hello. My name is 〜. Nice to meet you, too. 児童のペアで行う。JTEは児童同士が楽しく自己紹介できるように見守る。 **GroupB　部分的な支援** C3：Hello. My name is 〜.（Nice to meet you.） C4：Hello. My name is 〜.（Nice to meet you, too.） 児童のペアで行う。"Hello."や"My name is 〜."の表現を通じて，友達と楽しくあいさつを交わせるように，HRT（T1）が必要に応じて支援をする。"Nice to meet you,（too）."がむずかしい場合は教師が一緒に言う。 **GroupC　大部分の場面で支援** H：Hello. My name is 〜.（Nice to meet you.） C5：Hello. My name is 〜. 児童とHRT（T2）のペアで行う。"Hello"や"My name is"を言葉や身振りで表現したり，大人と一緒に表現したりしながら，やりとりを楽しめるように支援する。"Nice to meet you."は教師が言う。	◎JTEやHRT，友達とコミュニケーションしようとしている。
8. Good-bye song♪ 9. 終わりのあいさつ	J：It's time to say good-bye. J：Let's hold hands and sing the Good-bye song. all：Thank you. See you.	【CD】Good-bye song♪
10. 振り返り	H：今日は，グループに分かれて，先生や友達と 　　自己紹介をしました。楽しかったですか。	

3．指導のポイント

・言葉や音声での表現がむずかしい児童に対しては，指導者が英語の初めの音を発音し，その続きを言わせるようにしましょう。一緒に発音したり，身振りでも表現したりします。

・その際，言葉の意味も理解できるように，絵カードやネームタグを指し示しながら言うようにするなど，個々の実態やレベルに応じた表現方法を選択させましょう。

・グループCでは，ジェスチャーや握手などの動きを通して，自己紹介のやりとりを体験的に学ぶ場面をできるだけ多く設定し，楽しく活動できるようにしましょう。

・高機能自閉症児等は，英語活動に慣れてレベルアップしてきます。通常の指導内容では物足りない場合，HRTや介助員等が個別に英語で会話すると意欲を示してきます。

友達になろう　第**4**時／4

　前時と同様に，3つのグループに分かれて，あいさつや自己紹介を行います。うまく言えるようになった児童は，自己紹介として自分の好きな食べ物なども言わせてみます。

1．本時の目標（ねらい）
○あいさつや自己紹介を通してJTEやHRT，友達とのコミュニケーションを楽しむ。
○自分の名前や体調などを，音声や身振りなどで表現する。
○外国のあいさつや自己紹介に慣れる。

2．本時の展開　　　　　　　　　　　　　　（H：HRT　J：JTE　C：児童）

過程	活動	留意点（◎評価）
1．始めのあいさつ 2．ネームタグを配る 3．**Hello song** ♪	J：Hello. Let's start. J：Good morning (afternoon) everybody. J：I'll pass you the name tags. J：Let's sing the Hello song.	【ネームタグ】 【CD】Hello song ♪
4．今日の調子は？	●デモンストレーション J：How are you? H：I'm hungry (happy, sad, angry, sleepy, sick, hungry, full, hot, cold, thirsty). ●JTEと児童で会話をする J：How are you? C：I'm hungry. H：言葉，身振り，指し示しなどで表現できるよう，個に応じた支援をする。	【絵カード】happy, sad, angry, sleepy, sick, hungry, full, hot, cold, thirsty ◎自分の体調などを音声や身振りで表現しようとしている。
5．何曜日ですか？	●曜日の歌を聞く J：Let's listen to the Day of the week. H：絵カードを貼り，曲に合わせて指し示す。 ●JTEと児童で会話をする J：What's the day today? C：It's Monday.	【CD】Day of the week ♪ 【絵カード】曜日
6．今日の天気は？	●いろいろな天気を英語で表す H：絵カードを示しながら，発音を真似させる。 ●JTEと児童で会話をする J：How's the weather today? C：It's sunny (rainy, cloudy, windy).	【絵カード】天気
7．自己紹介	●デモンストレーション J：Hello. My name is ～. Nice to meet you. H：Hello. My name is ～. Nice to meet you, too.	◎英語のあいさつや自己紹介の仕方に慣れている。

	●児童とJTEで会話をする J(C2)：Hello. My name is ～. Nice to meet you. C1(J)：Hello. My name is ～. 　　　　Nice to meet you, too. ●グループに分かれて自己紹介する。 **GroupA　ほとんど支援の必要なし** C1：Hello. My name is ～. Nice to meet you. C2：Hello. My name is ～. Nice to meet you, too. 児童のペアで行う。児童同士がスムーズにあいさつを交わしながら、友達と楽しくコミュニケーションできるようにJTEが支援する。 **GroupB　部分的な支援** C3：Hello. My name is ～.（Nice to meet you.） C4：Hello. My name is ～.（Nice to meet you, too.） 児童のペアで行う。友達と楽しくあいさつを交わせるように、HRT（T1）が必要に応じて支援をする。"Nice to meet you,（too）."がむずかしい場合は教師が一緒に言う。 **GroupC　大部分の場面で支援** H：Hello. My name is ～.（Nice to meet you.） C5：Hello. My name is ～. 児童とHRT（T2）のペアで行う。"Hello." や "My name is" を言葉や身振りで表現したり、大人と一緒に表現したりしながら、やりとりを楽しめるように支援する。"Nice to meet you." は教師が言う。	◎JTEやHRT、友達とのコミュニケーションを楽しんでいる。
8. Good-bye 　　song♪ 9. 終わりのあいさつ	J：It's time to say good-bye. J：Let's hold hands and sing the Good-bye song. all：Thank you. See you.	【CD】 Good-bye song♪
10. 振り返り	H：今日も、グループに分かれて先生や友達と自己紹介をしました。自分の名前や自己紹介を、うまく言えましたか？	

3．指導のポイント

・母語では「おはよう」「ありがとう」等と言うことが苦手な児童も、英語ではスムーズに言うことができるようになります。彼らにとってそれは英語音声のもつ魅力でもあります。

・英語での「あいさつ」が定着したら、登校時にも校長先生などから "Good morning." と英語で声をかけてもらいましょう。元気に英語で応えることで、子どもたちに自信がついていきます。通常学級の児童にも、よい影響を与えていきます。

・自閉症的な傾向のある児童は、覚えた言葉を繰り返し言うことを好みます。そうした場面を通して、達成感を十分に味わうことができます。

買い物遊びをしよう

第**1**時／5

　身近な野菜や果物を使い，児童が店員さん役になって買い物遊びを楽しみます。初回は，児童がよく知っている物（日常的に目にしている物や好んで食している物）を中心に取り扱い，数も少なめにしましょう。また，本時から12か月の表現を順次取り上げます。

1．本時の目標（ねらい）
○JTEやHRTの働きかけに応じながら買い物遊びをする。
○トマト，りんご，レモン，ぶどうなど，野菜や果物の名前を，音声を真似ながら表現する。
○外国の音楽に興味をもつ。

2．本時の展開
（H：HRT　J：JTE　C：児童）

過程	活動	留意点（◎評価）
1．始めのあいさつ 2．ネームタグを配る 3．Hello song♪	J：Hello. Let's start. J：Good morning（afternoon）everybody. J：I'll pass you the name tags. J：Let's sing the Hello song.	【ネームタグ】 【CD】Hello song♪
4．何月ですか?	●12か月の歌を歌う J：Let's listen to the Twelve months. H：カードを，曲に合わせて指し示す。 ●4月の言い方を知る。 J：What month is it today? H：It's April. J：April.（絵カードを示し，発音を真似させる）	【CD】Twelve months♪ 【絵カード】12か月 ◎外国の音楽や月の表現に興味を示している。
5．何曜日ですか?	●曜日の歌を聞く J：Let's sing the Day of the week. H：絵カードを，曲に合わせて指し示す。 J：What day is it today? C：It's Monday.	【CD】Day of the week♪ 【絵カード】曜日
6．今日の天気は?	●いろいろな天気を英語で表す H：絵カードを示しながら，発音を真似させる。 J：How's the weather today? C：It's sunny（rainy, cloudy, windy）.	【絵カード】天気
7．買い物遊び	●果物や野菜の名前を知る J：What's this?　H：It's a tomato. J：tomato.（模型を提示し，発音を真似させる） H：英語の果物・野菜・色の表現がわからない児童に，個別に支援する。	【絵カードと模型】 tomato, apple, lemon, orange, grape, eggplant, green pepper

		●デモンストレーション J：Orange please.　　H：Here you are. J：Thank you.　　H：You're welcome. ●グループ別活動をする **GroupA　ほとんど支援の必要なし** 例）J：Hello. Orange please.　C1：Here you are. 　　J：Thank you.　C1：(You're welcome.) 児童が店員，JTEがお客になる。"You're welcome." がむずかしい場合は無理に言わせない。 **GroupB　部分的な支援** 例）H：Orange please.　C2：手渡す（Here you are.） 　　H：Thank you. 児童が店員，HRT（T1）がお客になる。"Here you are." や "You're welcome." の表現がむずかしい場合は無理に言わせない。 **GroupC　大部分の場面で支援** 例）H：（絵カードや模型を見せながら）Orange please. 　　C3：手渡す　H：Thank you. 児童が店員，HRT（T2）がお客になる。HRTとのやりとりを楽しみながら，英語の音声に関心をもたせる。	◎JTEやHRTの音声を真似ながら表現しようとしている。 ◎JTEやHRTとコミュニケーションしようとしている。
8. Good-bye song♪ 9. 終わりのあいさつ		J：It's time to say good-bye. J：Let's hold hands and sing the Good-bye song. all：Thank you. See you.	【CD】Good-bye song♪
10. 振り返り		H：今日は，買い物遊びをしました。お客さんの言った果物や野菜はわかりましたか。	

3．指導のポイント

・野菜や果物は，絵カードよりも実物大模型を使用したほうが，児童が興味をもちやすく楽しみながら活動できます。プラスチック製の野菜や果物は，使うと効果がありますが，児童によっては教具を投げ出すこともあります。食べ物であることを意識させてください。

・"Here you are." や "You're welcome." がうまく言えない場合でも，言い直しをさせずに，意欲や態度を評価しましょう。

・発話の苦手なダウン症児の場合は，ほかの児童と一緒に言わせましょう。声は出ていなくても，買い物籠を持つだけで達成感を味わっています。

・児童は競って客や店員になろうとするので，順序よく役割分担をさせましょう。

› 第2部 実践編

買い物遊びをしよう

第**2**時／5

2回目の本時は，児童がお客さん役になって，買い物遊びを楽しみます。児童の興味関心の広がりに合わせて，取り上げる果物や野菜は徐々に増やしていきましょう。

1．本時の目標（ねらい）
○買い物遊びを通してJTEやHRTとコミュニケーションする。
○なす，ピーマンなど，身近な野菜の名前を，音声を真似ながら表現する。
○外国の音楽や月の表し方に興味をもつ。

2．本時の展開
（H：HRT　J：JTE　C：児童）

過程	活動	留意点（◎評価）
1. 始めのあいさつ 2. ネームタグを配る 3. Hello song ♪	J：Hello. Let's start. J：Good morning（afternoon）everybody. J：I'll pass you the name tags. J：Let's sing the Hello song.	【ネームタグ】 【CD】Hello song ♪
4. 何月ですか？	●12か月の歌を聴く J：Let's sing the Twelve months. ●5月の言い方を知る。 J：What month is it today? H：It's May. J：May.（絵カードを示し，発音を真似させる）	【CD】Twelve months ♪ 【絵カード】12か月
5. 何曜日ですか？	●曜日の歌を聞く J：Let's sing the Day of the week. J：What day is it today? C：It's Monday.	【CD】Day of the week ♪ 【絵カード】曜日
6. 今日の天気は？	●いろいろな天気を英語で表す J：How's the weather today? C：It's sunny（rainy, cloudy, windy）．	【絵カード】天気 ◎外国の音楽に興味を示している。
7. 買い物遊び	●果物や野菜の名前を知る J：What's this? H：It's an apple. J：Apple.（模型を提示し，発音を真似させる） H：英語の果物・野菜・色の表現がわからない児童に，個別に支援する。 ●デモンストレーション H：Green pepper please.　　J：Here you are. H：Thank you.　　J：You're welcome.	【絵カードと模型】 tomato, apple, lemon, orange, grape, eggplant, green pepper ◎JTEの音声を真似ながら表現しようとしている。 ◎JTEやHRTとコミュニケーションしようとしている。

	●グループ別活動をする **GroupA　ほとんど支援の必要なし** 例）C1：Hello. Grape please.　J：Here you are. 　　C1：Thank you.　J：You're welcome. 児童がお客，JTEが店員になる。"〜 please." "Thank you." などが言えたことをしっかり評価する。 **GroupB　部分的な支援** 例）C2：Orange (please).　H：Here you are. 　　C2：Thank you.　H：You're welcome. 児童がお客，HRT（T1）が店員になる。Thank you. が言えたことをしっかりと評価する。 **GroupC　大部分の場面で支援** 例）H：(絵カードや模型を見せながら) Orange please. 　　C3：手渡す　H：Thank you. 前時と同様，児童が店員，HRT（T2）がお客になる。HRTの言った物を選び取ったり手渡したりしながら，やりとりを楽しむ。英語の音声や表現に親しめるようにする。		
8. Good-bye song ♪ 9. 終わりのあいさつ	J：It's time to say good-bye. J：Let's hold hands and sing the Good-bye song. all：Thank you. See you.		【CD】Good-bye song ♪
10. 振り返り	H：今日は，みなさんがお客さんになって欲しい物を店員さんに伝えました。自分の欲しい物がうまく言えましたか。		

3．指導のポイント

・英語で買い物をしている間に，日常での社会性も身につけましょう。買い物の最後には，相手への感謝を込めて"Thank you."を付けるよう指導しましょう。

・野菜や果物がうまく発音できない児童には，教師が初めの音を発音し，その続きを言わせてみましょう。また，欲しい物を指し示したり，絵カードを提示しながら伝えられたりするよう，個に応じた支援を行いましょう。

・"Here you are."や"You're welcome."がうまく言えない場合でも，言い直しをさせたりしないで，児童の意欲や態度を十分に評価しましょう。

・グループCは，種類を児童の身近にある物や，児童の好きな物に限定し，数を少なくすることで，活動に対する見通しや期待感を高めましょう。

買い物遊びをしよう

第3時／5

店員さん役とお客さん役の両方を体験しながら、買い物遊びを楽しみます。身近な野菜や果物の名前をさらに増やしていきます。

1. 本時の目標（ねらい）
○買い物遊びを通してJTEやHRT、友達とコミュニケーションする。
○とうもろこし、きゅうり、バナナ、カボチャなどを、音声を真似ながら表現する。
○外国の月、曜日、天気などの表現に慣れ親しむ。

2. 本時の展開

（H：HRT　J：JTE　C：児童）

過程	活動	留意点（◎評価）
1. 始めのあいさつ 2. ネームタグを配る 3. Hello song♪	J：Hello. Let's start. J：Good morning（afternoon）everybody. J：I'll pass you the name tags. J：Let's sing the Hello song.	【ネームタグ】 【CD】Hello song♪
4. 何月ですか？	●12か月の歌を聴く J：Let's sing the Twelve months. J：What month is it today? C：It's May.	【CD】Twelve months♪ 【絵カード】12か月
5. 何曜日ですか？	●曜日の歌を聞く J：Let's sing the Day of the week. J：What day is it today? C：It's Monday.	【CD】Day of the week♪ 【絵カード】曜日
6. 今日の天気は？	●いろいろな天気を英語で表す J：How's the weather today? C：It's sunny（rainy, cloudy, windy）.	【絵カード】天気
7. 今日の調子は？	●デモンストレーション H：How are you? J：hungry, full, hot, cold, thirsty H：絵カード示しながら、児童と一緒に発音する。 ●児童とJTEでやりとりする J：How are you? C：I'm hungry.	【絵カード】hungry, full, hot, cold, thirsty ◎外国の音楽などに興味を示している。
8. 買い物遊び	●果物や野菜の名前を知る J：What's this?　　H：It's a lemon. J：Lemon.（模型を提示し、発音を真似させる） H：英語の果物・野菜・色の表現がわからない児童に、個別に支援する。	【絵カードと模型】tomato, apple, lemon, orange, grape, eggplant, green pepper, corn, cucumber, banana, pumpkin

	●デモンストレーション H：One orange please.　　J：Here you are. H：Thank you.　　J：You're welcome. ●グループ別活動をする **GroupA　ほとんど支援の必要なし** 例）C1：Hello. Grape please.　C2：Here you are. 　　C1：Thank you.　C2：You're welcome. 児童同士または児童とJTEでペアになり，役割を交代しながら行う。果物や野菜の名前，"～ please." "Here you are." などの表現を使って，友達とやりとりする。 **GroupB　部分的な支援** 例）C3：Orange (please).　H：Here you are. 　　C3：Thank you.　H：You're welcome. 児童とHRTがペアになり，役割を交代しながら行う。一部の果物や野菜の名前，"～ please." "Thank you." などの表現を使い，HRTとやりとりをする。 **GroupC　大部分の場面で支援** 例）H：（絵カードや模型を見せながら）Orange please. 　　C3：手渡す　H：Thank you. 前時と同様，児童が店員，HRT（T2）がお客になる。HRTの言った物を選び取ったり手渡したりしながら，やりとりを楽しむ。英語の音声や表現に親しめるようにする。	◎JTEやHRTの働きかけに応じながら買い物遊びをしようとしている。
9. Good-bye 　song♪ 10. 終わりのあいさつ	J：It's time to say good-bye. J：Let's hold hands and sing the Good-bye song. all：Thank you. See you.	【CD】Good-bye song♪
11. 振り返り	H：今日は，みなさんがお客さんになって，欲しい物を店員さんに伝えました。自分の欲しい物がうまく言えましたか。	

3．指導のポイント

・グループAは，児童が自分たちで役割分担し，交代して進めることができるように，交友関係に十分配慮し，組合せを考えましょう。課題をクリアしている児童には，大人とペアを組んで複数の種類の野菜や果物を選び取らせるなど，レベルアップします。

・グループBは，HRTと児童の組合せで行い，児童が自分で役割を決めることができるようにしましょう。正しく発音できなくても言い直しをさせず，伝えようとする意欲を十分に評価しながら，やりとりを楽しめるようにしましょう。

・グループCは，役割を固定化することで，一人一人が見通しをもち，楽しく活動できるようにしましょう。

・障害別のグルーピングはあまり効果なく，能力別グループで活動すると円滑に進みます。

買い物遊びをしよう

第**4**時／5

「いくつ」などの数の表現を加えて，買い物遊びを楽しみます。

1．本時の目標（ねらい）

○買い物遊びを通してJTEやHRT，友達と積極的にコミュニケーションする。
○自分の欲しい野菜や果物，数などを音声や身振りなどで表現する。
○外国の数字の表現に興味をもつ。

2．本時の展開

（H：HRT　J：JTE　C：児童）

過程	活動	留意点（◎評価）
1．始めのあいさつ 2．ネームタグを配る 3．Hello song♪	J：Hello. Let's start. J：Good morning (afternoon) everybody. J：I'll pass you the name tags. J：Let's sing the Hello song.	【ネームタグ】 【CD】Hello song♪
4．何月ですか?	●12か月の歌を歌う J：Let's sing the Twelve months. H：カードを，曲に合わせて指し示す。 ●6月の言い方を知る J：What month is it today? H：It's June. J：June.（絵カードを示し，発音を真似させる）	【CD】Twelve months♪ 【絵カード】12か月
5．何曜日ですか?	●曜日の歌を聞く J：Let's listen to the Day of the week. J：What day is it today? C：It's Monday.	【CD】Day of the week♪ 【絵カード】曜日
6．今日の天気は?	●いろいろな天気を英語で表す J：How's the weather today? C：It's sunny (rainy, cloudy, windy).	【絵カード】天気
7．今日の調子は?	●児童とJTEでやりとりする J：How are you? C：I'm hungry.	【絵カード】hungry, full, hot, cold, thirsty
8．買い物遊び	●数の歌を歌う J：Let's sing the Seven Steps. H：児童と一緒に歌う。 J：How many apples?　C：Two. ●果物や野菜の名前を知る J：What's this?（模型を示して質問する） H：英語の果物・野菜・色の表現がわからない児童に，個別に支援する。	【CD】Seven Steps♪ 【数字カード】 ◎数字の歌や表現に興味を示している。 【絵カードと模型】前時と同じ野菜や果物

	●デモンストレーション J：Five oranges and one green pepper please. H：Here you are. J：Thank you. ●グループ別活動をする **GroupA　ほとんど支援の必要なし** 例） J：Five grapes please.　C1：Here you are. 　　 J：Thank you.　C1：You're welcome. 児童が店員，JTEがお客になる。児童が数を聞き取ることがむずかしい場合には，数字カードや指を使ってわかりやすくする。 **GroupB　部分的な支援** 例） H：Two oranges please.　C2：Here you are. 　　 H：Thank you.　C2：You're welcome. 児童が店員，HRTがお客になる。児童が数を聞き取ることがむずかしい場合には，数字カードや指を使ってわかりやすくする。 **GroupC　大部分の場面で支援** 例） H：（絵カードや模型を見せながら）Two oranges please. 　　 C3：手渡す　H：Thank you. 絵カードや模型を使って，HRTの言う物を選び取ったり手渡したりしながら，英語の表現に親しむ。	◎自分の欲しい物や数を音声や身振りなどで表現している。 ◎JTEやHRTと積極的にコミュニケーションしている。
8. Good-bye song♪ 9. 終わりのあいさつ	J：It's time to say good-bye. J：Let's hold hands and sing the Good-bye song. all：Thank you.　See you.	【CD】Good-bye song♪
10. 振り返り	H：今日も，グループに分かれてお買い物遊びをしました。自分の欲しい果物がうまく言えましたか。	

3．指導のポイント

・1～7までの数字は，日常的に見たり聞いたりしていて，発音は正確でなくても，順序よく唱えられる児童も多いようです。しかし，数量としてとらえられている児童は少ないと思われます。歌や模型を使ったごっこ遊びで，楽しく数字や数に親しませましょう。

・グループCの児童に対しては，前回同様に大人とのかかわりあいを楽しみながら英語に慣れ親しむことができるよう支援することを心がけましょう。

・単数形と複数形は，大人は正確に表現することが必要ですが，児童には複数形のＳの正しい発音を要求する必要はありません。しかし，高機能自閉症児には明確に発音するケースもあり，賞賛するとほかの児童へも影響を及ぼします。

買い物遊びをしよう

第**5**時／5

　前時までに学習した表現を使って，買い物遊びを楽しみます。音声，身振り，絵カードの提示など，さまざまな手段で意思を表現しながら，JTEやHRT，友達とのコミュニケーションを楽しめるよう，それぞれのグループで個に応じた支援を行います。

1．本時の目標（ねらい）

○買い物遊びを通してJTEやHRT，友達とのコミュニケーションを楽しむ。
○自分の欲しい野菜や果物，数などを音声や身振りなどで表現する。
○外国の数字の表現に慣れる。

2．本時の展開

（H：HRT　J：JTE　C：児童）

過程	活動	留意点（◎評価）
1．始めのあいさつ 2．ネームタグを配る 3．**Hello song ♪**	J：Hello. Let's start. J：Good morning (afternoon) everybody. J：I'll pass you the name tags. J：Let's sing the Hello song.	【ネームタグ】 【CD】Hello song ♪
4．何月ですか?	●12か月の歌を歌う J：Let's listen to the Twelve months. H：カードを，曲に合わせて指し示す。 　J：What month is it today? 　C：It's June.	【CD】Twelve months ♪ 【絵カード】12か月
5．何曜日ですか?	●曜日の歌を聞く J：Let's listen to the Day of the week. 　J：What day is it today? 　C：It's Monday.	【CD】Day of the week ♪ 【絵カード】曜日
6．今日の天気は?	●いろいろな天気を英語で表す 　J：How's the weather today? 　C：It's sunny (rainy, cloudy, windy).	【絵カード】天気
7．今日の調子は?	●表現を復習する 　J：How are you? 　C：I'm full.	【絵カード】hungry, full, hot, cold, thirsty
8．買い物遊び	●数の歌を歌う J：Let's sing the Seven Steps. 　J：How many apples?　C：Five. ●果物や野菜の名前を知る J：What's this?（模型を示して質問する） H：英語の果物・野菜・色の表現がわからない児童に，個別に支援する。	【CD】Seven Steps ♪ 【数字カード】 ◎数字の歌や表現に興味を示している。 【絵カードと模型】前時と同じ野菜や果物 ◎自分の欲しい物や数などを音声や身振りなど

	●デモンストレーション J：Five oranges and two cucumbers please. H：Here you are. J：Thank you. ●グループ別活動をする **GroupA　ほとんど支援の必要なし** 例）C1：Two grapes and six eggplants please. 　　C2：Here you are. 　　C1：Thank you.　C2：You're welcome. 児童同士で役割を交代しながら進める。数の表現や聞き取りがむずかしい場合には，数字カードや指を使うように支援する。"Here you are.""Thank you.""You're welcome."などの表現を通して友達と楽しくかかわり合えるように支援する。 **GroupB　部分的な支援** 例）H(C3)：(Five) orange(s) please.　C3(H)：Here you are. 　　H(C3)：Thank you.　C3(H)：You're welcome. 児童と，HRT(T1)のペアで役割を交代しながら行う。自分の欲しい物や数を，言葉（単語）や動作，数字カードや指などを使って表現できるように支援する。 **GroupC　大部分の場面で支援** 例）H：（絵カードや模型を見せながら）Four bananas please. 　　C4：手渡す　H：Thank you. 絵カードや模型を使って，HRTの言う物を選び取ったり手渡したりしながら，英語の表現に親しむ。	で表現している。 ◎JTEやHRT，友達とのコミュニケーションを楽しんでいる。
8. Good-bye song♪ 9. 終わりのあいさつ	J：It's time to say good-bye. J：Let's hold hands and sing the Good-bye song. all：Thank you. See you.	【CD】Good-bye song♪
10. 振り返り	H：今日は，グループに分かれてお買い物遊びをしました。自分の欲しい果物の名前がうまく言えましたか。	

3．指導のポイント

・"～ please.""Thank you.""You're welcome."は，人とコミュニケーションをとるうえで大切な表現です。上手に発音できなくても，表現しようとする意欲や態度を十分に評価しながら，コミュニケーションの能力の素地を養っていきましょう。

・ジェスチャーも，大切なコミュニケーションの表現活動の1つです。"One, two, three……"と指で表現することもさせてみましょう。

・支援をあまり必要としない児童には，模型や絵カード以外の名称を発言させてもかまいません。想像力豊かな児童には，自分の思ったことを積極的に言わせるクラスの環境が必要です。

第2部 実践編

○○をかして

第**1**時／6

　身近な文房具の貸し借りを通じて，英語のコミュニケーションを楽しみます。初回は，児童が普段の授業などで頻繁に使用し，日本語での名称や用途をきちんと理解している物（実物）を教材として取り扱い，種類や数も少なめにするとよいでしょう。また，絵本の読み聞かせで，英語の発音やリズムに親しませていきます。

1．本時の目標（ねらい）
○JTEやHRTの働きかけに応じながらやりとりをする。
○消しゴム，鉛筆，筆箱，はさみ，ノートなどの音声を真似ながら表現する。
○外国の絵本や絵に興味をもつ。

2．本時の展開
（H：HRT　J：JTE　C：児童）

過程	活動	留意点（◎評価）
1．始めのあいさつ 2．ネームタグを配る	J：Hello. Let's start. J：Good morning (afternoon) everybody. J：I'll pass you the name tags.	【ネームタグ】
3．何月ですか？	●12か月の歌を歌う J：Let's listen to the Twelve months. H：カードを，曲に合わせて指し示す。 ●9月の言い方を知る J：What month is it today? C：It's September.	【CD】Twelve months♪ 【絵カード】12か月 ◎外国の音楽や月の表現に興味を示している。
4．何曜日ですか？	●曜日の歌を聞く J：Let's listen to the Day of the week. H：絵カードを，曲に合わせて指し示す。 J：What day is it today? C：It's Monday.	【CD】Day of the week♪ 【絵カード】曜日
5．今日の天気は？	●いろいろな天気を英語で表す H：絵カードを黒板に貼る。 J：How's the weather today? C：It's sunny (rainy, cloudy, windy).	【絵カード】天気
6．レンタルゲーム	●文房具の名前を知る J：What's this? H：It's a pencil (eraser, pencil case, scissors, notebook). J：Pencil（実物を提示し，発音を真似させる） H：文房具の表現がわからない児童に，個別に支援する。	【実物】eraser, pencil, pencil case, scissors, notebook ◎JTEやHRTの音声を真似ながら表現しようとしている。

128

		●デモンストレーション J：Eraser please.　　H：Here you are. J：Thank you. ●グループ別活動をする **GroupA　ほとんど支援の必要なし** 例）J：Hello.　C：Hello. 　　J：Pencil please.　C1：Here you are. 　　J：Thank you. 児童とJTEのペアで進める。文房具の名前を理解して，"Hello." や "Here you are." などの表現を交えながらやりとりをする。 **GroupB　部分的，もしくはほとんどの場面で支援が必要** 例）H：Hello.　C：（Hello.） 　　H：Pencil please.　C1：手渡す（Here you are.） 児童とHRTのペアで，やりとりを楽しみながら英語の表現に関心がもてるようにする。言葉だけで選ぶことがむずかしい場合には，絵カードも提示してわかりやすくする。"Hello." や "You're welcome." はHRTと一緒に表現する。	◎JTEやHRTの働きかけに応じながら，やりとりをしようとしている。
7. 読み聞かせ	●絵本を見ながら読み聞かせを聞く J：Let's listen to Brown Bear. H：児童と一緒に聞く。個に応じた支援を行う。	【絵本】*Brown Bear Brown Bear, What Do You See?* ◎外国の絵本や絵に関心を示している。
8. Good-bye song♪ 9. 終わりのあいさつ	J：It's time to say good-bye. J：Let's hold hands and sing the Good-bye song. all：Thank you.　See you.	【CD】Good-bye song♪
10. 振り返り	H：今日は，勉強をするときに使う物を英語で言いました。英語の言い方はわかりましたか？	

3．指導のポイント

・文房具の発音がうまく言えない場合は，言おうとしている意欲や態度を十分に評価しながら，教師が初めの音を発音し，その続きを言わせてみましょう。

・児童の実態や学習のレベルに応じて表現方法を選択させてみましょう。それには，教師が一緒に発音すること，身振りで表現すること，そして絵カードを指し示すことが必要です。

・教師が手本を示す場合には，児童にわかりやすくすることが大切です。大きな声でゆっくり発音することを心がけましょう。

・グループBでは，特に大人とのかかわりを楽しみながら活動できるよう，個に応じた働きかけを心がけましょう。

第2部　実践編

○○をかして

第**2**時／6

　前時の繰り返しです。第1時同様に実物を使用し，種類や数を少なめにしながら，児童が文房具の名称を正しく理解し，自信をもって活動できるようにしましょう。やりとりの表現を充実させながら，身近な文房具の貸し借りを楽しみます。

1．本時の目標　（ねらい）
○JTEやHRTの働きかけに応じながらやりとりをする。
○消しゴム，鉛筆，筆箱，はさみ，ノートなどの発音を真似ながら表現する。
○外国の絵本の読み聞かせに興味をもつ。

2．本時の展開
（H：HRT　J：JTE　C：児童）

過程	活動	留意点（◎評価）
1．始めのあいさつ 2．ネームタグを配る	J：Hello. Let's start. J：Good morning (afternoon) everybody. J：I'll pass you the name tags.	【ネームタグ】
3．何月ですか？	J：Let's sing the Twelve months. J：What month is it today? C：It's October.	【CD】Twelve months♪ 【絵カード】12か月
4．何曜日ですか？	J：Let's sing the Day of the week. J：What day is it today? C：It's Monday.	【CD】Day of the week♪ 【絵カード】曜日
5．今日の天気は？	J：How's the weather today? C：It's sunny (rainy, cloudy, windy).	【絵カード】天気
6．レンタルゲーム	●実物を提示しながら全員で発音する J：What's this? H：It's a pencil (eraser, pencil, pencil case, scissors, notebook). H：文房具の表現がわからない児童に，個別に支援する。 ●デモンストレーション J：Hello. H：Hello. J：Eraser please. H：Here you are. J：Thank you. H：You're welcome. J：See you. H：See you.	【実物】eraser, pencil, pencil case, scissors, notebook ◎JTEやHRTの音声を真似ながら表現しようとしている。 ◎JTEやHRTの働きかけに応じながらやりとりをしようとしている。

		●グループ別活動 **GroupA　ほとんど支援の必要なし** 例） J：Hello.　C1：Hello. 　　 J：Pencil please.　C1：Here you are. 　　 J：Thank you.　C1：You're welcome. 　　 J：See you.　C1：See you. 児童とJTEのペアで進める。文房具の名前がわかり"Hello."や"Here you are." "You're welcome." "See you."などの表現を交えながらJTEとやりとりをする。"You're welcome."がうまく言えなくても言い直しはさせない。 **GroupB　部分的，もしくはほとんどの場面で支援が必要** 例） H：Hello.　C2：Hello. 　　 H：Pencil please.　C2：手渡す（Here you are.） 　　 H：Thank you. 児童とHRTのペアで，やりとりを楽しみながら英語の表現に関心がもてるようにする。言葉だけで選ぶことがむずかしい場合には，絵カードも提示してわかりやすくする。"Hello."や"You're welcome."はHRTと一緒に表現する。	
7. 読み聞かせ	●絵本を見ながら読み聞かせを聞く J：Let's listen to Brown Bear. H：児童と一緒に聞く。個に応じた支援を行う。 ●JTEと一緒に声に出して読む J：Let's read the Brown Bear with me. H：児童と一緒に読む。個に応じた支援を行う。		【絵本】前時と同じ ◎外国の絵本に興味をもち，読み聞かせに注目している。
8. Good-bye song♪ 9. 終わりのあいさつ	J：It's time to say good-bye. J：Let's hold hands and sing the Good-bye song. all：Thank you. See you.		【CD】Good-bye song♪
10. 振り返り	H：今日は，勉強をするときに使う物を英語で言ったり，先生に借りに行ったりしました。英語の言い方はわかりましたか？		

3．指導のポイント

・"Here you are."や"Thank you." "You're welcome."などを言い忘れてしまったり，うまく表現できなかったりすることもあります。「正確に発音すること」がねらいではないため，言い直しをさせないほうがいいです。

・すでに課題をクリアしている児童に対しては，授業では出てこない文房具名を言い，"Not here."と答えさせることで，会話を広げていくと面白いです。

・理解や表現がむずかしい児童に対しては，提示する品物の種類や数などを限定したり，一緒に発音したりするなど，個々の実態やレベルに応じた支援を行いましょう。

第2部　実践編

○○をかして

第**3**時／6

　数に対する関心や理解を促すため，写真カードや絵カードを使って，扱う文房具の種類や数を増やしていきます。

1．本時の目標　（ねらい）
○ゲームを通してJTEやHRTとコミュニケーションする。
○消しゴム，鉛筆，筆箱，はさみ，ノート，ペン，ホチキス，定規，クレヨンなどの発音を真似ながら表現する。
○外国の絵本の読み聞かせを楽しむ。

2．本時の展開
（H：HRT　　J：JTE　　C：児童）

過程	活動	留意点（◎評価）
1．始めのあいさつ 2．ネームタグを配る	J：Hello. Let's start. J：Good morning（afternoon）everybody. J：I'll pass you the name tags.	【ネームタグ】
3．何月ですか？	J：Let's sing the Twelve months. J：What month is it today? C：It's November.	【CD】Twelve months♪ 【絵カード】12か月
4．何曜日ですか？	J：Let's sing the Day of the week. J：What day is it today? C：It's Monday.	【CD】Day of the week♪ 【絵カード】曜日
5．今日の天気は？	J：How's the weather today? C：It's sunny（rainy, cloudy, windy）.	【絵カード】天気
6．レンタルゲーム	●数の歌を歌う 　J：Let's sing the Seven Steps. 　H：児童と一緒に歌う。 ●実物を提示しながら全員で発音する 　J：What's this?　C：It's an eraser. 　J：How many erasers?　C：Two. 　H：文房具の表現がわからない児童に，個別に支援する。 ●デモンストレーション 　J：Hello.　　H：Hello. 　J：Two pencils please.　　H：Here you are. 　J：Thank you.　　H：You're welcome. 　J：See you.　　H：See you.	【CD】Seven Steps♪ 【数字カード】（1～7） 【実物と絵カード】 eraser, pencil, pen, pencil case, stapler, scissors, ruler, crayon, notebook ◎JTEを真似しながら発音しようとしている。 ◎JTEやHRTとコミュニケーションしようとしている。

	●グループ別活動 **GroupA　ほとんど支援の必要なし** 例) J(C1): Hello.　C1(J): Hello. J(C1): Two pencils please.　C1(J): Here you are. J(C1): Thank you.　C1(J): You're welcome. J(C1): See you.　C1(J): See you. 児童とJTEのペアで，役割を交代しながら進める。数がうまく言えない場合は，指や数字カードを使ったり，数字を書いたりしてもよいことを伝える。 **GroupB　部分的，もしくはほとんどの場面で支援が必要** 例) H: Hello.　C2: Hello. H:(Two) pencil(s) please.　C2:(Here you are.) H: Thank you. 児童とHRTのペアで，やりとりを楽しみながら英語の表現に関心がもてるようにする。数の表現は個々の実態やねらいに応じて取り入れる。	
7．読み聞かせ	●絵本を見ながら読み聞かせを聞く J: Let's listen to Brown Bear. H: 児童と一緒に聞く。個に応じた支援を行う。 ●JTEと一緒に声に出して読む J: Let's read the Brown Bear with me. H: 児童と一緒に読む。個に応じた支援を行う。	【絵本】 ◎外国の絵本の読み聞かせを楽しんでいる。
8．Good-bye song♪ 9．終わりのあいさつ	J: It's time to say good-bye. J: Let's hold hands and sing the Good-bye song. all: Thank you. See you.	【CD】Good-bye song♪
10．振り返り	H: 今日は，勉強をするときに使う物や数を先生に伝えました。うまく伝わりましたか。	

3．指導のポイント

・実物の文具は用意できる数に限りがありますが，写真カードや絵カードだと，数を増やすことが容易で，児童に合わせて大きさも自由に変えられます。

・あらかじめ数字カードを用意し，数が言葉でうまく表現できない児童も自信を失わずに活動に参加できるようにしましょう。

・グループAはカードの種類や枚数を多めにそろえ，数の理解を高めて意欲的に活動できるよう工夫しましょう。複数形と単数形の表現にはあまりこだわらず，訂正することは控えましょう。

・すでに課題をクリアしている児童に対しては，複数の品物を選ばせたり，数を増やしたりするなど，さらに上の課題に挑戦させてみましょう。

・理解や表現がむずかしい児童には，提示する品物の種類や数を限定したり，大人が一緒に発音したりするなど，個々の実態やレベルに応じた支援を行いましょう。

第2部　実践編

○○をかして

第4時／6

　児童のレベルも上がってきます。実態に応じて，複数形と単数形の表現があることに気づかせ，実際に複数形で表現できるよう支援をしましょう。

1．本時の目標　（ねらい）
○ゲームを通してJTEやHRT，友達とコミュニケーションする。
○消しゴム，鉛筆，筆箱，はさみ，ノート，ペン，ホチキス，定規，クレヨンなどの発音を真似ながら表現する。
○外国の絵本に親しみながら，音声やリズムの面白さを感じる。

2．本時の展開
（H：HRT　J：JTE　C：児童）

過程	活動	留意点（◎評価）
1．始めのあいさつ 2．ネームタグを配る	J：Hello. Let's start. J：Good morning (afternoon) everybody. J：I'll pass you the name tags.	【ネームタグ】
3．何月ですか？	J：Let's sing the Twelve months. J：What month is it today? C：It's December.	【CD】Twelve months♪ 【絵カード】12か月
4．何曜日ですか？	J：Let's sing the Day of the week. J：What day is it today? C：It's Monday.	【CD】Day of the week♪ 【絵カード】曜日
5．今日の天気は？	J：How's the weather today? C：It's sunny (rainy, cloudy, windy).	【絵カード】天気
6．レンタルゲーム	●数の歌を歌う J：Let's sing the Seven Steps. H：児童と一緒に歌う。 ●実物を提示しながら全員で発音する J：What's this?　C：It's an eraser. J：How many pencils?　C：Three. H：文房具の表現がわからない児童に，個別に支援する。 ●デモンストレーション J：Hello.　H：Hello. J：Two erasers and three pencils please. H：Here you are. J：Thank you.　H：You're welcome. J：See you.　H：See you.	【CD】Seven Steps♪ 【数字カード】（1～7） 【実物と絵カード】前時と同じ ◎JTEを真似しながら発音しようとしている。 ◎友達やJTEやHRTとコミュニケーションを楽しんでいる。

	●グループ別活動 **GroupA　ほとんど支援の必要なし** 例）J(C1)：Hello.　C1(J)：Hello. 　　J(C1)：(One) eraser and three pencils please. 　　C1(J)：Here you are. 　　J(C1)：Thank you.　C1(J)：You're welcome. 　　J(C1)：See you.　C1(J)：See you. 児童とJTEのペア，あるいは児童同士で，役割を交代しながら進める。児童同士のやりとりでうまく伝わらない場合は，あとから大人がゆっくりとわかりやすく発音する。 **GroupB　部分的，もしくはほとんどの場面で支援が必要** 例）H：Hello.　C2：Hello. 　　H：(Two) pencil (s) please.　C2：(Here you are.) 　　H：Thank you. 児童とHRTのペアで，やりとりを楽しみながら英語の表現に関心がもてるようにする。数やHere you are. などの表現は，個々の実態やねらいに応じて取り入れる。言葉だけで選ぶことがむずかしい場合には，絵カードも提示してわかりやすくする。	
7．読み聞かせ	●JTEと一緒に声に出して読む J：Let's read the Brown Bear with me. H：児童と一緒に読む。個に応じた支援を行う。	【絵本】前時と同じ ◎外国の絵本に親しみながら，音声やリズムの面白さを感じている。
8．Good-bye song♪ 9．終わりのあいさつ	J：It's time to say good-bye. J：Let's hold hands and sing the Good-bye song. all：Thank you. See you.	【CD】Good-bye song♪
10．振り返り	H：勉強をするときに使う物を文房具と言います。今日は，その文房具を先生や友達に貸したり借りたりしました。うまく貸したり借りたりすることができましたか。	

3．指導のポイント

・児童の言いたいことがうまく伝わらない場合には，言葉と同時に身振りや絵カード，数字カードなどを使うと，相手に伝わりやすいことを知らせましょう。
・理解や表現がむずかしい児童に対しては，前回同様，提示する品物の種類や数などを調整しながら進めたり，大人が一緒に発音したりするなど，個々の実態やレベルに応じた支援を行いましょう。
・日常使用している文房具でも児童によっては意味が伝わらないことがあります。そうした場合は具体物で示すことが必要です。

第2部　実践編

○○をかして

第**5**時／6

　基本的に前時と同じ活動です。貸す人，借りる人になって，身近な文房具の貸し借りを楽しみます。自分の欲しい品物をしっかりと表現できるようにします。

1．本時の目標（ねらい）
○ゲームを通してJTEやHRT，友達と積極的にコミュニケーションする。
○自分の意思（欲しい品物）を言葉や身振り，絵カードなどで表現する。
○外国の絵本に親しみながら，音声やリズムの面白さを感じる。

2．本時の展開
（H：HRT　J：JTE　C：児童）

過程	活動	留意点（◎評価）
1．始めのあいさつ 2．ネームタグを配る	J：Hello. Let's start. J：Good morning (afternoon) everybody. J：I'll pass you the name tags.	【ネームタグ】
3．何月ですか？ 4．何曜日ですか？ 5．今日の天気は？	J：Let's sing the Twelve months. J：What month is it today? C：It's January. J：Let's sing the Day of the week. J：What day is it today? C：It's Monday. J：How's the weather today? C：It's sunny (rainy, cloudy, windy).	【CD】Twelve months♪ 【絵カード】12か月 【CD】Day of the week♪ 【絵カード】曜日 【絵カード】天気
6．レンタルゲーム	●数の歌を歌う J：Let's sing the Seven Steps. H：児童と一緒に歌う。 ●実物を提示しながら全員で発音する J：What's this?　C：It's an eraser. J：How many crayons?　C：Five. H：文房具の表現がわからない児童に，個別に支援する。 ●デモンストレーション J：Hello.　H：Hello. J：Five erasers and three pencils please. H：Here you are. J：Thank you.　H：You're welcome. J：See you.　H：See you.	【CD】Seven Steps♪ 【数字カード】(1〜7) 【実物と絵カード】前時と同じ ◎自分の欲しい品物を言葉や身振り，絵カードなどで表現している。 ◎JTEやHRT，友達と積極的にコミュニケーションしている。

	●グループ別活動 **GroupA　ほとんど支援の必要なし** 例）C1：Hello.　C2：Hello. 　　C1：Five rulers and two pencils please.　C2：Here you are. 　　C1：Thank you.　C2：You're welcome. 　　C1：See you.　C2：See you. 児童同士で役割を決めて進める。うまく伝わらない場合は，あとから大人がゆっくりとわかりやすく発音する。 **GroupB　部分的，もしくはほとんどの場面で支援が必要** 例）H：Hello.　C3：Hello. 　　H：(Two) pencil (s) please.　C3：Here you are. 　　H：Thank you. 　　H：See you.　C3：See you. 児童とHRTのペアで進める。実態により，HRTと役割を交代して取り組んでもよい。数や"Here you are."などの表現は，個々の実態やねらいに応じて取り入れる。言葉だけで選ぶことがむずかしい場合には，絵カードも提示してわかりやすくする。	
7．読み聞かせ	●JTEと一緒に声に出して読む J：Let's read the Brown Bear with me. H：児童と一緒に読む。個に応じた支援を行う。	【絵本】前時と同じ ◎絵本に親しみながら，音声やリズムの面白さを感じている。
8．Good-bye 　　song♪ 9．終わりのあいさつ	J：It's time to say good-bye. J：Let's hold hands and sing the Good-bye song. all：Thank you.　See you.	【CD】Good-bye song♪
10．振り返り	H：今日も，先生や友達に文房具を貸したり借りたりしました。うまく貸したり借りたりすることができましたか。	

3．指導のポイント

・児童によっては数がうまく表現できない場合があります。指を使ったり，数字を書いたりしてもよいことを伝えましょう。

・すでに課題をクリアしている児童には，自分の欲しい物の色や大きさなどを，言葉や身振りで表現できるよう支援をしましょう。

・理解や表現がむずかしい児童には，前回同様，提示する品物の種類や数などを調整しながら進めたり，一緒に発音したりするなど，個々の実態やレベルに応じた支援を行うことが大切です。

○○をかして

第**6**時／6

　基本的に前時の繰り返しです。すでに課題をクリアしている児童には，自分の欲しい物の色や大きさなどを言葉や身振りで表現できるよう支援をしましょう。

1．本時の目標　（ねらい）
○ゲームを通してJTEやHRT，友達とのコミュニケーションを楽しむ。
○自分の意思（欲しい品物）を言葉や身振り，絵カードなどで伝える。
○外国の絵本に親しみながら，絵や表現の面白さを味わう。

2．本時の展開
（H：HRT　　J：JTE　　C：児童）

過程	活動	留意点（◎評価）
1．始めのあいさつ 2．ネームタグを配る	J：Hello. Let's start. J：Good morning (afternoon) everybody. J：I'll pass you the name tags.	【ネームタグ】
3．何月ですか？	J：Let's sing the Twelve months. J：What month is it today? C：It's February.	【CD】Twelve months♪ 【絵カード】12か月
4．何曜日ですか？	J：Let's sing the Day of the week. J：What day is it today? C：It's Monday.	【CD】Day of the week♪ 【絵カード】曜日
5．今日の天気は？	J：How's the weather today? C：It's sunny (rainy, cloudy, windy).	【絵カード】天気
6．レンタルゲーム	●数の歌を歌う 　J：Let's sing the Seven Steps. 　H：児童と一緒に歌う。 ●実物を提示しながら全員で発音する 　J：What's this?　C：It's an eraser. 　J：How many crayons?　C：Five. 　H：文房具の表現がわからない児童に，個別に支援する。 ●デモンストレーション1 　J：Hello.　　H：Hello. 　J：(One) pencil case and three pencils please. 　H：Here you are. 　J：Thank you.　　H：You're welcome. 　J：See you.　　H：See you. ●デモンストレーション2 　J：Hello.　　H：Hello. 　J：(A) big eraser and red pencil please.	【CD】Seven Steps♪ 【数字カード】（1～7） 【実物と絵カード】前時と同じ ◎自分の意思（欲しい品物）を言葉や身振り，絵カードなどで伝えている。 ◎JTEやHRT，友達とのコミュニケーションを楽しんでいる。

	H : Here you are. J : Thank you.　H : You're welcome. J : See you.　H : See you. ●グループ別活動 **GroupA　ほとんど支援の必要なし** 例） C1 : Hello.　C2 : Hello. 　　 C1 :（A）big eraser and blue pencil please. 　　 C1 : Here you are. 　　 C1 : Thank you.　C2 : You're welcome. 　　 C1 : See you.　C2 : See you. 児童同士で役割を決めて進める。児童によっては複数形の表現も取り入れながら進める。 **GroupB　部分的，もしくはほとんどの場面で支援が必要** 例） H（C2）: Hello.　C2（H）: Hello. 　　 H（C2）: Two pencil(s) please.　C2（H）: Here you are. 　　 H（C2）: Thank you. 　　 H（C2）: See you.　C2（H）: See you. 児童とHRTのペアで，役割を交代しながら進める。数や"Here you are."の表現は，個々の実態やねらいに応じて取り入れる。	
7．読み聞かせ	●JTEと一緒に声に出して読む J : Let's read the Brown Bear with me. H : 児童と一緒に読む。個に応じた支援を行う。	【絵本】前時と同じ ◎絵本に親しみながら，絵や表現の面白さを味わっている。
8．Good-bye 　　song♪ 9．終わりのあいさつ	J : It's time to say good-bye. J : Let's hold hands and sing the Good-bye song. all : Thank you.　See you.	【CD】Good-bye song♪
10．振り返り	H : 今日も，先生や友達に文房具を貸したり借りたりしました。うまく貸したり借りたりすることができましたか。	

3．指導のポイント

・児童が数をうまく表現できない場合は，指を使ったり，実際に数字を書いたりしてもよいことを伝えましょう。
・児童同士のやりとりでうまく伝わらない場合は，あとから大人がゆっくりとわかりやすく，理解できるまで発音しましょう。

第2部　実践編

3．使用した教材教具

①ネームタグ

担任自作のネームタグです。活動の最初に，JTEあるいはHRTから，児童一人一人に手渡します。

研究授業などでは，リボンの色で，ピンクは取材（写真撮影）可の児童，ブルーは取材は遠慮してもらう児童など，目印としても利用しました。

②絵カード・ポスター

天気のポスターはわかくさ学級の担任による手描き，ほかの絵カードはJTEの先生の自作です。

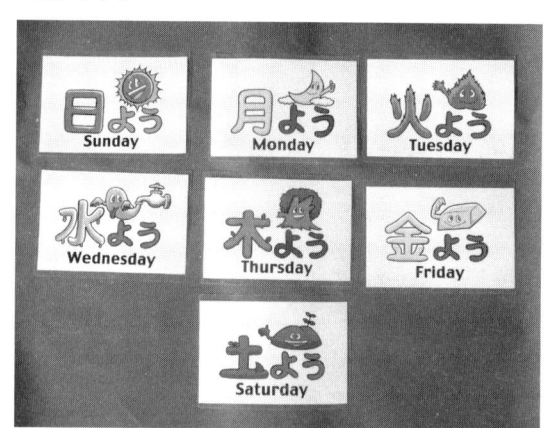

曜日

気持ち・体調

12か月

天気

数字

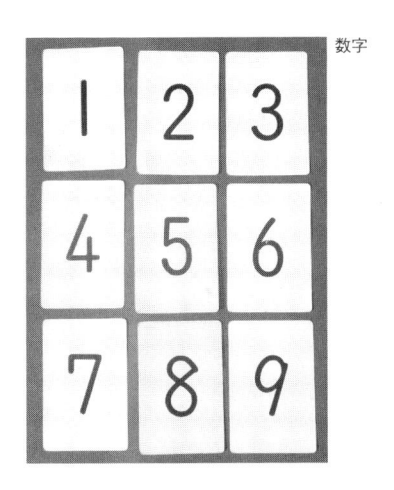

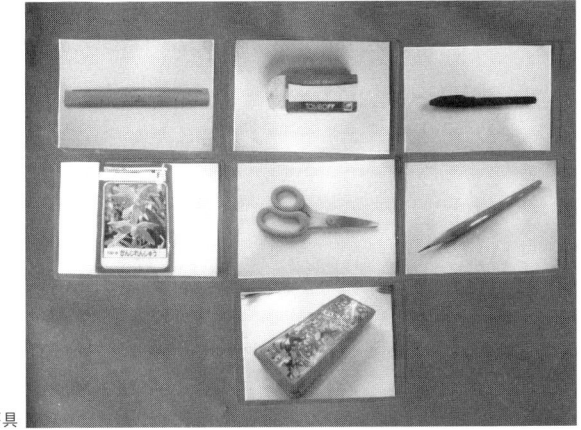

文房具

③模型（フルーツ）

㈱内田洋行の「ウチダたべものセット」（実物大、樹脂製）を使用しました。買い物ごっこや、自己紹介で自分の好きな食べ物を紹介するのに使いました。

④音楽

取り上げる表現に合わせて、毎時間繰り返し使用しました。

Hello song *
Good-bye song *
Day of the week **　　　*収録CD　『Songs and Chants』MPI
Twelve months *　　　**収録CD　『NEW Let's Sing Together』㈱アプリコット
Seven Steps *

⑤絵本

Brown Bear, Brown Bear, What Do You See?
作Bill Martin　画Eric Carle
発行元Henry Holth & Co（J）

『はらぺこあおむし』で有名なエリック・カールの絵本で、邦題は『くまさん くまさん なにみてるの？』です。

（鈴木幸子）

第4章
特別支援外国語活動の留意点

1 特別支援学級と通常学級における違い

(1)個別指導計画に則って行う

　通常学級では単元ごとに到達目標があり，全児童がその目標達成のために学習を進めます。しかし，それぞれのもつ障害や発達段階が異なる特別支援学級の児童に対しては，そのような指導を行うことはできません。特別支援学級では，活動をいっせいに行う場合でも，児童一人一人に対して，それぞれに指導内容と課題を設定します。つまり，個別の指導計画に則って，個々の実態を十分に認識したうえでの指導が求められます。

(2)非言語コミュニケーションを活用する

　特別支援学級には，発声ができない，またはできても声がかすれるなど，言語コミュニケーションが十分にできない児童が在籍します。こうした児童のために，表情や身振り手振り，握手やアイコンタクトなどの「非言語コミュニケーション」を通常学級の児童に比べて，より頻繁に取り入れます。表情やジェスチャーも，通常学級の児童に対してよりもオーバーアクション気味に表現します。発声ができない児童には，自分の気持ちを表現している絵カードを指さすように指導するなどの工夫も必要です。

(3)余裕をもったカリキュラム，パターン化

　通常学級では，おおむね1か月に1単元というペースでトピックを変えますが，特別支援学級では2，3か月に1単元という，ゆとりをもたせたカリキュラムを構成します。また毎回の授業の流れも大幅な変化を避け，同じ流れでパターン化します。

　特別支援学級の児童は繰り返しを好み，急激な変化にとまどいます。ある程度，毎回きまりきった活動，同じような内容を繰り返すことで，児童の混乱を避け，かれらが安心して活動に取り組めるようになります。

(4)教材・教具の選び方と提示の工夫

通常学級では，おもに絵カードで語彙の紹介をしたり，その語彙を表現する絵が描かれたカードを使ってカルタゲームを行ったりします。しかし，こうした教材・教具には，抽象概念を扱うものや，複数の内容を一度に伝えるものもあるため，注意が必要です。特別支援学級の児童には，絵カードや紙に描かれた絵よりも，（たとえ本物ではなくても）模型のようなものを使用するのが望ましいでしょう。

絵カードを使う場合は，黒板への掲示の仕方も，一度に何枚も貼るなど児童が混乱するやり方は避け，トピックが変わるごとに掲示する絵カードも貼り変えるなど，配慮が必要です。

(5)全身を使って表現を

言語のみのコミュニケーションを困難とする児童が特別支援学級には在籍します。かれらにとっては，体を動かすこともコミュニケーションの重要な手段となります。リズムに合わせて歌ったり踊ったりなどの体を動かす活動は，通常学級の児童では中学年の後半から高学年になると忌避するようになりますが，特別支援学級の児童には学年を超えて大変好まれる活動の一つです。特別支援学級において全身を使った活動は，自己表現の手段としても大変有効です。

(6)学年への配慮

特別支援学級で外国語（英語）活動を実施する場合，子どもの学年に対しては，以下のように留意します。

①低学年

小学校での英語授業の経験が浅い低学年児童には，外国語活動は他の教科以上に興味・関心をそそられる時間の一つであり，とくに1年生にとっては初めての体験です。しかし，それだけに不安を抱えてしまう児童も存在し，「先生が英語で何を言っているのかわからない」と混乱してしまうケースもあります。そこで，低学年に対しては言語のみに頼らず，非言語コミュニケーションを活動に取り入れる工夫をします。例えば，アイコンタクトや身振り手振りを多く導入する，ダンスなど体を使った活動を展開するなどの方法です。

②中学年

中学年になると外国語活動にも慣れ，英語による基礎的なコミュニケーション活動が可能となります。しかし，「慣れ」から英語に対する興味や関心が失せてしまう児童もいます。そこで中学年に対しては，ペアワークを行う際に，まだ英語に対して自信のない低学年児童と組ませ，かれらを導く役割を与えます。

③高学年

1年生から外国語学習を導入している場合，高学年を迎えると，5～6年間外国語活動を体験したことになり，英語によるコミュニケーション活動にもほぼ支障なく対応することができるようになります。そこで，高学年に対しては高度な質問を投げかけたり，またグループ活動においてリーダーとしての役割を与えたりして，かれらが低・中学年の指導者的な立場に立てるよう配慮します。

2　特別支援学級における指導上の留意点

(1)視覚教材の導入

絵カードや，野菜・果物などの模型を導入することで，児童の興味関心，および活動への意欲をひきつけることができます。聞くことが苦手な児童や，言葉の理解が不十分な児童に対しても，英語がよりわかりやすく身近なものに感じられます。絵であればカラーのものを，また写真や実物を導入すると，さらに児童の興味をそそり，活動に積極的に取り組む契機となります。

注意すべきは，一つの教材が一つの情報を伝えているという点です。そこから伝えられるイメージが単純であるほうが児童に混乱をきたさず，理解の助けになるといえます。どちらにも解釈できるものや，複数の情報を含むものは避けるべきでしょう。

(2)幅広い活動を導入する

歌やチャンツ，色遊び，数遊び，ごっこ遊び，読み聞かせなどの多様な活動を取り入れることで，児童が自分の好きな場を見つけて活動できるようになり，主体的に活動できるようになります。教員による劇化も効果的です。

(3)「できた」ことを積極的に評価し，賞賛する

児童によっては言葉が出ない，かすれ声で聞き取れないことがあります。そのため，発音の正誤や声の大小など発語のみに焦点を当てたり，声が出ていないからといって必要以上に働きかけたりするのは，望ましい指導法とはいえません。むしろ児童の取り組みを積極的に評価し，「ほめる」ことが次の意欲につながります。障害をもつ児童が「伝わる」「できる」という喜びを実感することで笑顔が増え，より積極的，かつ主体的に活動を進め，コミュニケーション活動の楽しさを体感することができるようになります。

(4)授業の一連の流れをパターン化する

毎時間の授業で使う教室英語，ジェスチャー，表情等を統一し，一連の流れをパター

ン化します。また，授業開始時にJTEがネームタグを手渡すなどの約束をつくり，授業の開始と終了を明確化します。これにより児童の混乱が避けられると同時に，英語活動への認識と期待感，さらには教師と児童の信頼感，一体感が生まれます。

(5)個々の児童の実態に即した内容を

特別支援学級においては，障害の種類や発達段階がそれぞれ異なる児童が在籍しているため，指導者たちが児童に関する共通理解を図り，一貫性のある指導ならびに支援のもとで，個別指導計画に基づいた指導を行うことが求められます。そのためには，児童の興味関心や理解力に即したグループ指導，障害の特性や発達段階，交友関係などを考慮した座席配置，また個々の実態や課題などを十分に把握したうえでの指名など，指導上の配慮が必要となります。これにより一人一人の児童が活動に集中でき，かつそれぞれの知的好奇心を満たすことができます。

(6)理解力の高い児童に対して

理解力の高い児童に対しては，かれらの知的好奇心を満たす活動を設定します。例えば，クラスメートの名前をアルファベットで聞き取らせてだれの名前かを当てさせる，児童同士で役割を決めて互いに演じさせる（買い物ごっこにおける客と店員），一つのフレーズの中に数や色などの複数の単語を取り入れるなど，工夫をこらした活動を行うことで，かれらが英語によるコミュニケーションを楽しめるようになります。

(7)「音声中心」の活動を

小学校外国語活動は基本的に「音声中心」であり，それは特別支援学級においても同様です。とくに特別支援学級の児童には，発音の反復練習や歌，チャンツ等の活動を中心に構成した活動がかれらの特性に適し，英語活動が成立する要因となることを小林（2008）は主張しています。また西島（2009）は，特別支援学級の児童がもつ「聞く力の優位性」を指摘し，「聞く」を中心にした活動を展開することがかれらに非常に効果的であると述べています。

特別支援学級には聴覚過敏や騒々しさを苦手とする児童もいますが，大半の児童は歌やチャンツに興味をもちます。Hello Song♪，Good bye Song♪，BINGO♪など，児童にとって歌いやすく，親しみやすい曲調のものを選んで，毎回の授業の中に組み込むと定着もしやすく，非常に効果的です。

(8)体を動かす活動を

言語習得理論に，TPR（トータル・フィジカル・レスポンス）といって，言語学習は体を動かしながら行うことで学習者（特に幼児や初学者）は楽しく学べ，かつ内容が定

着しやすいというものがあります。特別支援学級の児童も，英語の音声やリズムを体全体で感じ表現することを好みます。特に，Head, Shoulders, Knees and Toes♪など，体操のように体を使って表現するものに積極的に取り組みます。また，音に対して敏感で歌が苦手な児童にとっても，このような方法では活躍の場が与えられ，一人一人の児童が楽しく活動できる場面が増えます。

(9)「非言語コミュニケーション」の充実を

人と人とのコミュニケーション活動には，言語を介したものと言語を用いないものがあり，後者を非言語コミュニケーション（ノンバーバルコミュニケーション）といいます。身振り，手振りや表情などがそれに該当します。

特別支援学級には，言葉が出ない，または発声はできてもかすれ声で聞き取れないなどの障害をもつ児童が在籍しています。このような児童に対しては，「該当する絵カードを指さす」「気持ちをジェスチャーで表現する」「質問に対してうなずく」などの非言語コミュニケーションを活用し，自分の気持ちや意見を表現するよう促します。例えば，"How are you?" という問いかけに対し，発声ができない児童は，黒板に貼られた "I'm good/sleepy/hungry." などの気持ちを表す表現を描いた絵カードを指さすことで，自己表現します。こうした表現活動を持続することで，小さいながらも発声ができるようになった事例もあります。

二之江小学校の実践では，授業開始時にJTEが児童一人一人にネームタグを手渡し，握手やタッチをすることを常としました。タッチや握手のような「非言語コミュニケーション」を行うことで，教師と児童の信頼感，一体感が生じ，授業が円滑に進むようになりました。

(10)できるだけ英語による指導を

言語習得理論に，「直接教授法」（ダイレクトメソッド）という，母語を使わずに学習する言語を用いて教える方法があります。つまり，英語を学ぶのであれば英語で教えるということになります。

この方法は，幼児が母語を習得することに倣い，音声から外国語を学ぶ効果を提唱したものですが，音声に敏感な児童が多く在籍する特別支援学級の児童においても，効果的な指導方法といえます。理解が困難な意味や概念等は日本語で説明してもかまいませんが，児童にできるかぎり英語で指導をすることによって習得が促進されます。

また，2つ以上の言語を使用できる人が，状況に応じて言語の切り替えを行う能力を「コード・スイッチング」といいますが，直接教授法を実践することで，児童が言語間の切り替えを不自由なく行えるようになります。二之江小学校では，授業以外の時間，例えば休み時間や放課後，また家庭において英語を口ずさむようになった，学級担任に

は日本語で，JTEには英語で話しかける，地下鉄に乗り合わせたインド人男性に"Good morning. How are you?"と声をかけた，などの事例が報告されています。

3 カリキュラム作成上の留意点

(1) ゆとりを持たせた年間指導計画

通常学級を対象にした年間指導計画は，一般的に1か月で1テーマを扱いますが，特別支援学級のそれは2か月，もしくは3か月で1テーマを扱います。これは，理解を深めいっそうの定着を図るために内容量を少なくし，ゆとりをもたせて指導をするという配慮からですが，言語スキルの習得は目的としません。児童を思う気持ちから新しい語彙や表現を入れすぎてしまいがちですが，かえって児童は混乱し，消化不良に陥ってしまいます。「あれもこれも」と盛り込みすぎないことが重要です。

(2) コミュニケーションを体験する場面を設定する

特別支援学級の児童は，子ども同士，または教員と子どもで，買い物ゲーム等の実際のやりとりの場面を体験することによってコミュニケーション活動の楽しさを実感し，達成感を味わうことができます。ここでいう「コミュニケーション活動」には，指さしやジェスチャーで自らの意思を伝えようとする「非言語コミュニケーション」も含みます。特別支援学級には「言語」によるコミュニケーション活動が困難な児童も存在するからです。

こうした英語による「コミュニケーション活動」を通して，日常生活における人とのコミュニケーションも，より豊かなものになります。二之江小学校では，英語活動を開始してから「児童の表情が明るくなった」「笑顔が増えた」「英語以外の活動にも積極的に参加するようになった」などの事例が報告されています。

(3) 題材・語彙の選択と提示の工夫

数字や食べ物，日時，天気，動物，色など，多くの児童にとって身近でかつ興味・関心に即した語彙や題材を導入することで，かれらは英語活動に積極的な態度を示し始めます。特に「食べ物」に関する題材で「野菜」「果物」等の語彙を導入する場合は，模型を使うと効果的です。

また，児童が最も身近に接している担任教員の写真や教員によるスキット（劇）を導入するなど視覚に訴えることで，児童に興味をわかせ，積極的に活動に参加するようになります。二之江小学校では，BINGO♪の歌を導入した際に，担任教員が農夫に扮装して歌詞の意味を理解させようと努めた結果，この歌が児童のお気に入りの曲の一つにな

りました。「農夫（farmer）が飼っている犬の名前がBINGO」という，児童には理解しがたい歌詞の意味も，日本語で解説することなく伝えることができました。

(4) 短い文を——目標設定と評価の工夫

目標文として設定する文章は，長くても3語以内が望ましいといえます。また"Yes, I do. ／ No, I don't."などの応答文について，児童が"Yes./ No."のみで答えても，「誤り」として正すのではなく，短くても言えたことを評価します。Yes, Noでの簡単な答えや1語文でもよいので，英語によって言いたいことや自分の気持ちを相手に伝えることの面白さを味わわせたり，「伝わるのだ」という自信をつけたりすることが特別支援学級の児童には重要です。二之江小学校では，平素は感情をほとんど表情に表さないダウン症の児童が，英語の時間になると，「通じた」とガッツポーズで喜びを表現するという場面が見られました。

(5) さまざまな活動を

特別支援学級にはさまざまな障害をもつ児童が在籍し，それぞれの興味や関心も異なります。歌に関心を示す児童もいれば，体を動かす活動を好む児童，また「買い物ゲーム」などの「ごっこ遊び」に積極的に参加しようとする児童などがそれぞれ活躍の場を見いだしてコミュニケーション活動を楽しみます。したがって，特別支援学級の外国語活動においては1コマの授業の中に多様な活動を組み込むことが望まれます。二之江小学校では平均10分単位で活動の内容を変え，児童の集中力を途切れさせないよう配慮しました。

(6) スパイラル式に

よりいっそうの定着を図るために，前回，または前々回の内容を復習として挿入します。毎回日付を英語で聞くことも効果的な復習方法の一つです。繰り返しを厭わない児童が多い特別支援学級においてはこうしたスパイラル式のカリキュラムで，同じことを何度も繰り返すことによって内容の定着が促進されます。二之江小学校では，休み時間や家庭において無意識のうちに英語の歌を口ずさんでいる児童や，曜日を英語で正確に答える児童の様子が報告されています。

(7) JTEやALTとの連携を密に

公立小学校では担任教師が英語を指導することが原則とされていますが，ALTが入ったり，また場合によってはJTEが指導に入ることも考えられます。このような外部から招聘している講師には特別支援学級児童の障害やかれらの様子についてきちんと伝え，担任教師との連携を図りながら年間計画や毎時間のレッスンプランを組み立てていくこ

とが必要です。子どものちょっとした心の動きを見逃すことなく，かれらの様子をいちばん理解しているのはかれらと密接な関係をもっている担任教師です。

(8) 読み聞かせを積極的に

通常学級においても同様ですが，特別支援学級の児童も，読み聞かせをたいへん好みます。特に好まれるのは，*Brown Bear, Brown Bear, What Do You See?* といった，繰り返しが多く，単調で，かつリズムのよいものです。挿絵がカラフルで児童に親しみやすく，また内容もやさしいので，児童はすぐに教師の読み聞かせとともに唱えだします。これが，「読める」「言える」という自信にもつながります。

二之江小学校では，英語の時間以外にも担任教師が*Brown Bear, Brown Bear, What Do You See?* の読み聞かせを定期的に行い，その結果，全校児童の前で読み聞かせを披露できるまでになりました。さらに，単に読むだけではなく，絵本の内容を演劇として構成し，登場する動物を英語で自ら演じられるまでにいたりました。

(杉山明枝)

＜参考文献＞

小林省三「特別支援学級を基盤とした学校経営　自閉症児に英語活動をとおして国際コミュニケーション力を育む」『月刊悠⁺（はるかプラス）』ぎょうせい，No.1，2008

白畑知彦ほか『英語教育用語辞典』大修館書店，1999

西島裕里「小学校特別支援学級での英語活動を経て考える全人教育的小学校英語」『英語音声学』日本英語音声学会，No.13，2009

松川禮子監修，直山木綿子著『ゼロから創る小学校英語』文溪堂，2008

用語解説

外国語活動

アクセント accent
単語で強く発音する部分。ストレスとも言う。

アクティビティ activity
児童の活動（例：アクティビティブック）

イントネーション intonation
抑揚。文の一部，とくに文尾を上げたり，下げたりして発音すること。上昇調，下降調，上下降調がある。

ウオームアップ warming up
本課に入る前の準備作業。授業のスタート時，歌やゲームなどで雰囲気を盛り上げ，導入しやすくする。

右脳理論
右脳は動作や行動と連合しているので，動作とともに言葉を使うと効果的という脳科学の理論。小学校で動作やゲームなどを多用するのはそのため。

外国語活動
平成23年度より適用される学習指導要領で，小学校に必修として導入される科目名。「総合的な学習の時間」で行われてきたものは「英語活動」と呼ぶ。

英語教育アドバイザー
小学校には英語の専門教師がいないので，教育委員会が学校に配属し，小学校の英語教育を支援する英語教育専門家。カリキュラム作成，授業モデル，校内教員研修等を行う。

ALT Assistant Language Teacher
外国語指導助手。ネイティヴスピーカーとしての外国人教師。これまではAET（Assistant English Teacher 英語指導助手）が一般的に使われてきたが，英語以外の言語にも考慮し，この用語が使われるようになった。

音声言語 spoken language
話し言葉のこと。音声言語スキルとしては「聞くこと」（リスニング）と話すこと（スピーキング）がある。小学校ではこれらの基礎を養うことが目標である。

教室英語 classroom English
教師が授業で児童への活動の指示として使用する英語。これを適度に使うとダイレクトメソッド（すべて英語）で授業を行うことが可能となる。日本語で指示しても支障はない。

Q&A Question and Answer
教師が英語で質問し，児童に英語で答えさせること。聞いた内容や見た内容についての質疑応答が多い。

グループワーク group work
クラス内でいくつかのグループをつくり，グループ単位で活動すること。

ゲストティーチャー guest teacher
学校が招いた特別講師。ボランティアなど地域の外国人や留学生などの場合が多い。

言語活動
コミュニケーション活動と同義語である。単語や表現など言語の要素を教えるのではなくて，場面を設定して模擬コミュニケーションとして指導する。

言語材料
言語の要素を指す。語彙，発音，文型，文法など。これらを総合的に活用してコミュニケーションを図るのが言語活動である。

国際理解
小学校での外国語活動では「言語や文化の体験的理解」としてこの目標が掲げられている。国際理解に

は異文化理解だけではなく，母文化理解も含まれている。相互理解によって初めて本当の理解が可能になる。母文化の伝達も大切な課題である。

国際交流
外国人と直接または間接的に交流すること。直接交流としてはインターナショナルスクールなどの児童と交流することや留学生などを招いての交流などがある。間接交流としては，外国の児童と学校紹介のビデオや作品（絵など）を交換することなどがある。

サイモンセッズゲーム　　　Simon Says Game
体の部位を教えるためによく使われるゲーム。「サイモンセッズ」と教師が言ったときの指示には児童は従うが，そうでない場合の指示には従ってはいけないゲーム。

指導案　　　teaching plan
毎時間の授業を行うための教案。学年・クラス名，時限，指導手順，活動内容などを組み込む。研究発表などの場合に用意される。

指導指針　　　teaching guideline
学習指導要領またはその代わりをなすもののこと。教育のための基本を示したもので，その管轄のすべての学校はそれに従って行う。

ショーアンドテル　　　show and tell
展示説明法。児童が，珍しいもの，自分の好きなものを持って来て，みんなに見せながら英語で説明する。アメリカでの教育方法の一つ。

JTE　　　Japanese Teacher of English
日本人の英語教師のこと（和製英語）。中学や高校の英語の免許をもった専門教師が小学校で英語教育アドバイザーやインストラクター（指導者）として指導にあたることも少なくない。

スキット　　　skit
寸劇。テレビ英会話などではおなじみの手法で，簡単な劇にして会話を教えることである。複数の教師がモデルスキットを行い，そのあとに児童同士に行わせると効果的である。

スピーチ　　　speech
「自己紹介」や「わたしの夢」など，テーマを決めてみんなの前で簡単なスピーチ（ショートスピーチ）をすること。

ダイアログ　　　dialog
対話。一対一で直接対面して行う会話。小学校の外国語活動ではこれが中心になる。児童とALTや教師との一対一の対話が望まれる。

ダイレクトメソッド　　　Direct Method
すべて英語で授業を行う教授法。児童の英語を聞く機会や話す機会が多くなり，英語には慣れるが，教師の負担は大きい。小学校では努力目標でよい。

チャンツ　　　chants
ジャズのリズムを使って行う英語の発音練習。英語のリズムやアクセントに慣れるために単語や短い表現をリズミカルに発話する。

TPR　　　Total Physical Response Approach
全身反応教授法。教師が命令文を言い，児童は動作だけで応答する方法。右脳の活発な児童に適した方法である。言葉で答えないので児童の負担が少なく，やり方が簡単なのでよく使われる。

TT　　　Team Teaching
チーム・ティーチング。複数の教師が共同で指導すること。ALTやJTEと学級担任とのTTが一般的。両者の役割をあらかじめ明確にして行うと効果的である。

ドラマメソッド　　　Drama Method
ドラマ（劇）を使った教授法。ドラマは擬似コミュニケーションとして英語の定着度が高い。せりふを暗記させると緊張するので，メモを見ながら行ってもよい。

デモンストレーション　　　demonstration
模範演技。教師が実際に行ってみせること。例えば，児童にスキットさせる場合に，まず教師同士がスキットをやってみせる。

151

ネイティブスピーカー native speaker
母語話者。英語を母語として話す環境で生まれ育った人。国籍や人種は関係ない。

年間指導計画
カリキュラムの最も重要なもので，学年ごとに1年間の指導内容を，題材，ねらい，活動，指導法，教材などを月や週ごとにまとめたもの。これに従って授業が行われるので時間をかけてつくる必要がある。

ハロウィン Halloween
10月31日にアメリカで行われる年中行事。アイルランド人が故国より持ち込んだ行事。天から悪霊が降りてきて子どもをさらっていくので仮装させる。収穫のない人々は物乞いをするので，その両方から"Trick or Treat!"の言葉が生じた。夜家々を回るだけでたくさんの菓子をもらえる，子どもには楽しい行事。

フォニックス phonics
英語のつづり字の規則性から発音を教える教授法。英語ではつづり字と発音の間に一定の規則性があり，それを知ることによって発音学習に役立てようとするもの。リーディング（読むこと）への移行時に役立つ。

フラッシュカード flash card
英語の単語や文を書いたカードで，瞬時に見せて発音させたり，読ませたりするカード。

ピクチャーカード picture card
絵カード。単語のつづりと絵がかかれたもので，絵を見て単語を発音したり，単語を見て絵から意味を理解させたりする。

ビンゴ bingo
ゲームの一種で，カードの絵や数字が，縦，横，斜め，いずれかがそろったら「ビンゴ！」と言って上がれる。簡単なゲームで応用がきき，子どもたちには人気がある。

ビデオメール video mail
ビデオで自分たちの学校や町を撮って，外国の学校へ送り，国際交流活動を行う。文字が打てればE-メールでの交流も可能である。

ペアワーク pair work
ペア（二人組）で活動すること。児童同士が組んで対話をしたり，Q&Aをしたりする。相手は適宜変えたほうがよい。

HRT Homeroom Teacher
担任教師。ALT，JTE，HRTいずれも便宜的な和製英語である。

リズム rhythm
英語は日本語と違い，音に強弱，緩急，抑揚等によるリズムがある。入門期はこの英語のリズムに慣れさせることが学習上の大きな課題である。

臨界期 critical period
外国語は脳科学のうえから10歳前後までに学習を始めるのがよいという学説。諸外国でもこの説を受けて小学校の3，4年から英語を始める国が多い。

レビュー review
復習。前時に行ったことを授業の始めにもう一度行って，本時の学習に滑らかにつなげる。

ロールプレイ role playing
ごっこ遊び。特定の場面設定のもと，各自の役割を決めて行う擬似コミュニケーション活動。お店屋さんごっこ，道案内ごっこなど。

四技能 four skills
リスニング（listening 聞くこと），スピーキング（speaking 話すこと），リーディング（reading 読むこと），ライティング（writing 書くこと）の四つのコミュニケーション技能。小学校ではリスニングとスピーキングが学習の中心。

特別支援教育

アスペルガー　　　　　Asperger Syndrome

アスペルガー症候群は，知的障害はないが，他人とのコミュニケーションがうまくとれないことが大きな特徴である。興味や関心の幅が狭く，特定のことにこだわる特性がある。

インクルージョン　　　　　　　inclusion

社会的排除（social exclusion）の反対語。すべての障害者を差別しないで，一般の人たちと一緒に教育すること。

学習障害（LD）　　　Learning Disabilities

中枢神経系の障害といわれており，児童個々によって異なるが，特定の能力に支障が生じる。知的全般の遅れはないが，読む，書く，計算するなどの特定分野に支障をきたす。

自閉症　　　　　　　　　Autistic Disorder

社会的・対人関係の行動障害で，社会的協調がむずかしく，他人との人間関係がうまく保てない。コミュニケーション機能の遅れや興味・関心の限定，常同的反復行動が見られる。

ダウン症　　　　　　　　　Down Syndrome

ダウン症は染色体異常による障害で，言語コミュニケーション，特に発話の遅れが顕著である。運動機能や聴覚等の障害を併発している場合もあるが，視覚機能は比較的しっかりしている。

注意欠陥・多動性障害（ADHD）
**　　　Attention-Deficit / HyperactivityDisorders**

AD（注意欠陥）は注意集中ができないこと，HD（多動性障害）は衝動的で行動抑制のできないことがおもな症状である。学習の遅れとともに，集団の場での適応が大きな課題となる。

特別支援教育　　　　special needs education

伝統的には「特殊教育」という名称で呼ばれてきたが，2006年に学校教育法の改正で「特別支援教育」と名称変更がなされた。子どものニーズに応じて，特別支援学校，特別支援学級，通級学級等の形態で学習が可能である。

特別支援教育コーディネーター
**　　　special educational needs coordinator**

学校には特別支援コーディネーターをおくことが定められている。その役割は特別支援を必要とする児童への学習サポート，学級担任への支援，保護者や関係機関との連絡・調整等で，その役割は幅広い。

特別ニーズ教育　　　special needs education

子どもは自ら好んで障害をもって生まれてきたわけではない。そこで「障害」という言葉に代えて，「特別に支援を必要とする教育」という意味で使われるようになった。

ノーマライゼーション　　　　　normalization

北欧で生まれた障害者福祉の理念で，障害者の日常生活を普通の人のそれに可能なかぎり近づけること，およびそのためのサポートを提供することである。

（伊藤嘉一）

おわりに

　私はかつて，郷里である広島で中学・高校の英語教師をしていました。いずれ小学校から英語教育は始まるであろうとの思いで，29歳からは東京都公立小学校教員になりました。33歳，はじめて異文化に接したのはシンガポールでした。日本と東南アジア地域の地理教育者の集いでしたが，わが国の小学校社会科教育の現状を英語でスピーチする機会に恵まれました。この経験が，今日の国際コミュニケーション力育成への原動力となりました。

　その後，校長職として与えられた4年間の中で，二之江小学校の特別支援学級（知的障がい）の児童に，外国語（英語）活動の実践を通して能力を引き出したいと考え，実践を始めました。その結果，ネイティブスピーカーのように発音する子，明るく人とかかわるようになった子，自信がなくて歌わなかった校歌を大きな声で歌う子など，一人一人が生き生きと活動し始めました。参観されたマスコミや特別支援教育に携われる方は，その変容に驚かれるばかりでした。

　平成20年4月からは，本実践を理論化するために大学院に通いました。平成22年3月には，『特別支援学級（知的障がい）における国際コミュニケーションの素地を育む外国語（英語）活動の研究：理論と実践』と題して，修士号（文京学院大学大学院外国語学研究科）を取得しました。

　そして今回，特別支援外国語活動の理論と実践の成果を，ここにまとめることができました。私は実践例を中心に書かせていただきました。伊藤嘉一先生のご指導ならびに担当してくださった図書文化社の渡辺佐恵氏のご助言に深く感謝いたします。また，特別支援学級で実践をしていただいた鈴木幸子先生をはじめとする，すべての先生に御礼申し上げます。

　私には夢があります。それは，特別支援教育を必要とする児童たちが，国を超えて交流することです。例えば，世界の人々と共に生きる平和な社会を構築するために，自然環境を大切にするボランティア活動。あるいは，演劇，音楽，ダンス等を通しての自己表現の場などです。本書をお読みいただけましたら，忌憚のないご感想をお寄せください。共に外国語（英語）活動を実践してまいりたいと願っています。

　　平成22年11月18日

東京都江戸川区立二之江小学校校長
小　林　省　三

■執筆者および執筆分担

伊藤嘉一（星槎大学教授）
　はじめに，第1部　第1章・第2章，用語解説

長谷川淳一（桜美林大学准教授）
　第1部　第3章

伊藤香代子（元東京成徳短期大学教授）
　第1部　第4章

股野儷子（星槎大学非常勤講師）
　第1部　第5章

佐藤玲子（武蔵野女子大学非常勤講師）
　第1部　第6章

鴻巣彩子（星槎大学非常勤講師）
　第1部　第7章

小林省三（東京都江戸川区立二之江小学校長）
　第2部　第1章・第2章・第3章（P106～107），おわりに

鈴木幸子（東京都江戸川区二之江小学校主幹教諭）
　第2部　第3章（P108～141）

杉山明枝（元東京都江戸川区立二之江小学校英語講師）
　第2部　第4章

以上，執筆順
2011年3月現在

■編著者紹介

伊藤嘉一（いとう・かいち）
東京教育大学文学部英語学英米文学科卒業。同大学大学院教育学研究科修士課程修了。同大学院博士課程修了。同大学外国語教育研究所講師。東京学芸大学教育学部教授（英語教育学）。連合学校教育学研究科（博士課程）教授。ハワイ東西文化センター研究員。小学校英語教育学会創立。外国語教育学会名誉会長。小学校英語支援協会理事長。成田市「英語指導運営委員会」会長。荒川区「小学校英語推進委員会」会長。港区「国際人を育成する教育推進委員会」会長等歴任。高等学校外国語学習指導要領作成。中学校英語検定教科書監修。現在は東京学芸大学名誉教授，星槎大学教授。専門は国際理解・英語教育。

小林省三（こばやし・しょうぞう）
1950年広島県呉市生まれ。関東学院大学文学部英米文学科卒業，玉川大学文学部教育学科修了。文京学院大学大学院修士課程外国語学研究科英語コミュニケーション専攻修了。1974年広島工業大学附属広島高校・中学校英語講師，広島県安芸郡坂町立坂中学校・江田島中学校英語講師，予備校「呉学院」経営後，東京都公立小学校教員，ナイジェリアラゴス日本人学校教諭，豪州ブリスベン補習校校長を経て，江戸川区立二之江小学校長。2009年東京都江戸川区外国語活動教材作成委員長，同小学校教育研究会外国語活動部長，2010年東京都江戸川区外国語活動推進委員長。

「特別支援外国語活動」のすすめ方

2011年4月20日　初版第1刷発行　〔検印省略〕

編　著　者		©伊藤嘉一・小林省三
発　行　人		村主典英
発　行　所		株式会社　図書文化社
		〒112-0012　東京都文京区大塚3-2-1
		TEL：03-3943-2511　FAX：03-3943-2519
		振替　00160-7-67697
		http://www.toshobunka.co.jp/
装　　　幀		アトリエジータ／たかはし文雄
Ｄ　Ｔ　Ｐ		有限会社　美創
イラスト		絵仕事　界屋／中山　昭
印刷・製本		株式会社　厚徳社

ISBN978-4-8100-1588-1　C3037
乱丁・落丁本の場合はお取り替えいたします。
定価はカバーに表示してあります。

構成的グループエンカウンターの本

必読の基本図書

構成的グループエンカウンター事典
國分康孝・國分久子総編集　A5判　本体：6,000円＋税

教師のためのエンカウンター入門
片野智治著　A5判　本体：1,000円＋税

自分と向き合う！究極のエンカウンター
國分康孝・國分久子編著　B6判　本体：1,800円＋税

エンカウンターとは何か　教師が学校で生かすために
國分康孝ほか共著　B6判　本体：1,600円＋税

エンカウンター　スキルアップ　ホンネで語る「リーダーブック」
國分康孝ほか編　B6判　本体：1,800円＋税

エンカウンターで学校を創る
國分康孝監修　B5判　本体：2,600円＋税

目的に応じたエンカウンターの活用

エンカウンターで保護者会が変わる　小学校編・中学校編
國分康孝・國分久子監修　B5判　本体：各2,200円＋税

エンカウンターで不登校対応が変わる
國分康孝・國分久子監修　B5判　本体：2,400円＋税

エンカウンターで進路指導が変わる
片野智治編集代表　B5判　本体：2,700円＋税

エンカウンターで学級づくりスタートダッシュ　小学校編・中学校編
諸富祥彦ほか編著　B5判　本体：各2,300円＋税

エンカウンター　こんなときこうする！　小学校編・中学校編
諸富祥彦ほか編著　B5判　本体：各2,000円＋税　ヒントいっぱいの実践記録集

どんな学級にも使えるエンカウンター20選・中学校
國分康孝・國分久子監修　明里康弘著　B5判　本体：2,000円＋税

多彩なエクササイズ集

エンカウンターで学級が変わる　小学校編　中学校編　Part1〜3
國分康孝監修　全3冊　B5判　本体：各2,500円＋税　Part1のみ本体：各2,233円＋税

エンカウンターで学級が変わる　高等学校編
國分康孝監修　B5判　本体：2,800円＋税

エンカウンターで学級が変わる　ショートエクササイズ集　Part1〜2
國分康孝監修　B5判　本体：①2,500円＋税　②2,300円＋税

図書文化

※定価には別途消費税がかかります

ソーシャルスキル教育の関連図書

ソーシャルスキル教育で子どもが変わる［小学校］
－楽しく身につく学級生活の基礎・基本－

國分康孝監修　小林正幸・相川充編　　　　　　Ｂ５判 200頁　**本体2,700円**

友達づきあいのコツとルールを楽しく体験して身につける。わが国初めて、①小学校で身につけるべきソーシャルスキルを具体化、②学習の手順を段階化、③一斉指導で行う具体的な実践例、をまとめる。
●主要目次：ソーシャルスキル教育とは何か／学校での取り入れ方／基本ソーシャルスキル12／教科・領域に生かす実践集／治療的な活用

実践！ ソーシャルスキル教育［小学校］［中学校］
－対人関係能力を育てる授業の最前線－

佐藤正二・相川充編　　　　　　　　　　　　Ｂ５判 208頁　**本体各2,400円**

実践の事前，事後にソーシャルスキルにかかわる尺度を使用し，効果を検証。発達段階に応じた授業を，単元計画，指導案，ワークシートで詳しく解説。
●小学校主要目次：ソーシャルスキル教育の考え方／ソーシャルスキル教育のためのアセスメント／道徳の時間の実践／特別活動の時間の実践／自己表現力を伸ばす
●中学校主要目次：中学生のための基本ソーシャルスキル／ストレスの高い生徒への実践／進路指導での実践／LD・ADHDをもつ生徒への実践／適応指導教室での実践

育てるカウンセリング実践シリーズ②③
グループ体験によるタイプ別！学級育成プログラム［小学校編］［中学校編］
－ソーシャルスキルとエンカウンターの統合－

河村茂雄編著　　　　　　　　　　　　　　　Ｂ５判 168頁　**本体各2,300円**

学校だからできる心の教育とは！ふれあいとルールを育て，教育力のある学級づくりをする。
★ソーシャルスキル尺度と学級満足度尺度Q-Uを使った確かなアセスメント。
●主要目次：心を育てる学級経営とは／基本エクササイズ／アレンジするための理論／学級育成プログラムの6事例

いま子どもたちに育てたい
学級ソーシャルスキル〔小学・低学年〕〔小学・中学年〕〔小学・高学年〕〔中学校〕
－人とかかわり，ともに生きるためのルールやマナー－

河村茂雄・品田笑子・藤村一夫・小野寺正己編著　　Ｂ５判 208～224頁
　　　　　　　　　　　　　　　　　　　　　本体各2,400円（中学校編 2,600円）

まとまりのある学級で使われているスキルはこれ！「みんなで決めたルールは守る」「親しくない人とでも区別なく班活動をする」など，社会参加の基礎となる人間関係の知識と技術を，毎日の学級生活で楽しく身につける！
●主要目次：学級ソーシャルスキルとは／学校生活のスキル／集団活動のスキル／友達関係のスキル

図書文化

※定価には別途消費税がかかります

シリーズ 教室で行う特別支援教育

個に応じた支援が必要な子どもたちの成長をたすけ，学校生活を楽しくする方法。
しかも，周りの子どもたちの学校生活も豊かになる方法。
シリーズ「**教室で行う特別支援教育**」は，そんな特別支援教育を提案していきます。

ここがポイント学級担任の特別支援教育

通常学級での特別支援教育では，個別指導と一斉指導の両立が難しい。担任にできる学級経営の工夫と，学校体制の充実について述べる。

河村茂雄 編著　　B5判　本体2,200円

応用行動分析で特別支援教育が変わる

子どもの問題行動を減らすにはどうしたらよいか。一人一人の実態から具体的対応策をみつけるための方程式。学校現場に最適な支援の枠組み。

山本淳一・池田聡子 著　　B5判　本体2,400円

教室でできる特別支援教育のアイデア172（小学校編）

通常学級の中でできるLD，ADHD，高機能自閉症などをもつ子どもへの支援。知りたい情報がすぐ手に取れ，イラストで支援の方法が一目で分かる。

月森久江 編集　　B5判　本体2,400円

教室でできる特別支援教育のアイデア（中学校編）

中学校編では教科別に指導のアイデアを収録。教科担任にもできる，授業の中でのちょっとした工夫。学習につまずくすべての生徒へ有効。

月森久江 編集　　B5判　本体2,600円

特別支援教育を進める学校システム

特別支援教育の推進には，特定の教師にだけ負担をかけないシステムが大切。学級経営の充実を基盤にした校内体制づくりの秘訣。

河村茂雄・髙畠昌之 著　　B5判　本体2,000円

教室でできる特別支援教育のアイデア（小学校編 Part 2）

大好評続編！ 障害別の章立てで子どもの特性に応じた支援がさらにみつけやすく。専門領域からの最新のサポート方法，支援員が行うサポート，保護者への支援も収録。

月森久江 編集　　B5判　本体2,400円

姉妹編

Q-Uによる特別支援教育を充実させる学級経営
—さまざまなニーズの子どもが共に育つ学級づくり—

河村茂雄 編著　　B5判　本体2,200円

学ぶことが大好きになるビジョントレーニング
—読み書き運動が苦手なのには理由があった—

北出勝也 著　　B5判　本体2,400円

K-ABCによる認知処理様式を生かした指導方略

長所活用型指導で子どもが変わる

正編 特殊学級・養護学校用
藤田和弘 ほか編著　　B5判　本体2,500円

Part 2 小学校 個別指導用
藤田和弘 監修　　B5判　本体2,200円

Part 3 小学校中学年以上・中学校用
藤田和弘 監修　　B5判　本体2,400円

図書文化

※定価には別途消費税がかかります